岩 波 文 庫

34-116-6

自 由 論

J. S. ミル 著
関 口 正 司 訳

JN052114

岩 波 書 店

凡　例

（1）本翻訳の原著は以下のものである。

John Stuart Mill, *On Liberty*, 4th ed. London: Longmans, Green, Reader and Dyer, 1869. 一八六九年刊のこの第四版が、ミルが存命中の最終確定版である。初版と第二版は一八五九年に公刊されている。また、一八六四年には第三版、一八六五年に廉価普及版(People's Edition)が刊行されている。各版の異同は、次のトロント大学版『ミル著作集・第一八巻』に収録されている原書テクスト(第四版を底本としている)に明示されているので、それを参照して確認した。J.M.Robson (ed.), *The Collected Works of John Stuart Mill*, Vol.18, University of Toronto Press, 1977. ただし、版を重ねた際に行なわれている修正・追加・削除は小規模なものにとどまっており、趣旨や内容に重要な相異や本質的な相異は見当たらなかったので、本翻訳では各版の異同について注記を加えていない。なお、各版のテクストは、インターネット上でアクセス可能になっている。以下のリストを参照。

Online Books by John Stuart Mill, http://onlinebooks.library.upenn.edu/search.html 検索語に Mill と On Liberty を指定(二〇一九年一二月現在)

(2)本翻訳は、専門的な研究者に限らずできるだけ多くの一般の読者に読まれることを意識して訳文や注の作成にのぞみ、特に以下の点に配慮した。

①ミルの原文には、ことさら特殊な概念や専門用語はほとんど使われていないが、長文の複雑な構文である場合が少なくない。訳文では、適宜、文章を切り分けたり、訳出する句や節の順序を工夫するなどの対策を積極的に講じた。

②原文中の代名詞(人称代名詞を含む)の指示対象は、原文の文脈の中では十分読み取れるものの、翻訳すると原文とは異なった語順となるなどのために、読み手の側で把握が難しくなる場合が少なくない。そこで、本翻訳では、必要に応じて、代名詞が指示対象にしている具体的な名詞に置き換えることにした。

③原文には長いパラグラフが多く、場合によっては原書第四版のフォーマットで数十行(二頁)を超えることすらある。一般的に言えば、学術的な性格の英文では、パラグラフは論述における論理的なユニットであることが多く、訳者の側の判断でいくつかに分割することは、原則として避けるべきだが、ミルの原文では、非常に長い一パラグラフ内にいくつかの論点を組み込んでいることもあるので、そ

の場合に限って、読みやすさを優先する見地からあえて改行を施した。

④訳注は、簡潔に、かつ、できるだけミルの議論の趣旨が伝わるように努め、短いものは訳文中に〔　〕という形で示し、やや長いものは巻末に示した。なお、ミルが原文中で直接間接に言及している他の著作の出典については、必要と考えられるものに限って、トロント大学版の編者注を参考にして訳注として示した。

(3)イギリス関連の地名は、近年は、連合王国の総称としては「イギリス」ではなく、「ブリテン」や「グレート・ブリテン」とし、その構成地域としてのEnglandは「イングランド」と訳すようになってきているが、本書に関して言えば、EnglandやEnglishは、連合王国の総称として用いられているのが通常で、「イングランド」という訳語にすべき用例は例外的に見られるだけである。日本語の従来の表記である「イギリス」の用法と基本的に同じと言ってよい。そこで、本翻訳では、Englandが連合王国の総称として用いられている場合、さらにGreat Britainやthe United Kingdomの場合も、一貫して「イギリス」を用いることにした。さらに、this countryやour countryも、日本語訳であることをふまえて、「わが国」ではなく「イギリス」と訳している。

(4)原文の中で、強調のためにイタリックになっている部分(英語以外の外国語の字句を示す場合などは除く)は、該当する訳語に傍点を付した。

(5)訳出に際して、以下の既刊の翻訳を参照し参考にさせていただいた。

『自由論』、早坂忠訳、『世界の名著・三八』(中央公論社)、一九六七年。

『自由論』、塩尻公明・木村健康訳、岩波文庫(岩波書店)、一九七一年。

『自由論』、斉藤悦則訳、光文社古典新訳文庫(光文社)、二〇一二年。

本書で展開されるあらゆる議論は、一つの主導的な大原則に直接に行き着く。人間が最大限多様に発展していくことは絶対的かつ本質的に重要だ、という大原則である。

ヴィルヘルム・フォン・フンボルト『統治の領域と責務』(1)

私の書いたものの中の最善なところすべてに生気を与え、多少はその書き手でもあった人は、私の友であり妻でもあった。(2) 彼女には、真理と正義を捉える気高い感覚があり、それによって私をこの上なく力強く奮い立たせ、私にとって最高の報酬である賛同を与えてくれた。その彼女の大切で悲しくもある想い出に、本書を捧げる。本書の著者は私だけではなく彼女でもある。(3) 私が長年にわたって書いてきたすべてのものと同様である。ただし、今ある形の本書は、わずかながら彼女による校訂を経るという、計り知れない強みも持った。最も重要な部分のいくつかは、さらに慎重な再検討をしてもらう予定だったが、今ではかなわぬことになった。彼女とともに葬られてしまったあの偉大な思想や高貴な感情のせめて半分でも、世界に向けて伝えることが私にできるのであれば、私はそうするはずである。その方が、彼女の比類ない英知による鼓舞や援助を受けずに私が書くどんなものよりも、世界にとって有益なものだろう。

目次

第一章　序論

本書の主題は、いわゆる意志の自由ではない。意志の自由は、残念ながら、哲学的必然性と誤って名づけられた説(1)と対置されている。本書の主題はこれではなく、市民生活における自由、社会の中での自由である。つまり、個人に対して社会が正当に行使してよい権力の性質と限界である。この問題は、一般論の形で論述されることはまれで、議論されることもこれまでほとんどなかった。とはいえ、目に見えないところでは存在していたので、現代の実際の論争に深く影響をおよぼしているし、今後すぐに、死活的に重要な将来的問題として認知されるようになるだろう。これはけっして新しい問題ではなく、ある意味では、ほぼ太古の昔から人々を対立させてきた問題である。しかし、人類の中で文明化の進んだ部分が到達した進歩の段階では、新しい諸条件の下で登場していて、以前とは別のもっと根本的な対処が必要になっている。

自由と権威とのあいだの闘争は、われわれが子どもの頃から馴染んでいる歴史、とりわけギリシャ、ローマ、イギリスの歴史において最も際立った特徴である。しかし、過去の時代におけるこの闘争は、被支配者あるいは被支配者の中の特定階級と政府とのあいだの闘争だった。自由が意味していたのは、政治的支配者の専制から保護される、ということだった。支配者は(ギリシャのいくつかの民主政的統治体制の場合を除いて)、被治者である国民に対して必然的に敵対的な立場にあると考えられていた。統治の担い手は、一人あるいは一つの部族や身分であり、その権威は相続や征服に由来していて、いずれにしても被治者の意向によるものではなかった。また、権力の抑圧的な行使に対するどんな予防策がとられていたにせよ、誰も、支配権をめぐって争うことまではあえてしなかったし、そうしたいと思うこともおそらくなかった。支配者の権力は必要であるとしても、きわめて危険なものでもあって、外敵に対してばかりでなく被治者に向けてても使われがちな武器とみなされていた。社会の中の弱者が無数のハゲタカの餌食になるのを防ぐためには、それらを抑え込んでおく役割を、もっと強力な捕食動物に委ねる必要があった。しかし、このハゲタカの王者にしても、獲物をむさぼるのに熱心なことは強欲な小物たちと変わらないから、そのくちばしや爪に対して絶えず防御態勢をとっておくことが欠かせなかった。そういうわけで、愛国者たちは、社会に対して支配者が行使してよい権力に制限を加えることをめざした。権力のこういう制限が、自由という言葉で彼らが意味していたものだったのである。

この制限は二つの方法で試みられた。第一に、特定の事柄には介入しないという公認を〔支配者から〕獲得することであり、これは政治的な特権あるいは政治的な権利と呼ばれた。そうした特権や権利の侵害は支配者の義務違反とみなしてよいのであり、実際に侵害があった場合には、個々の局面で抵抗したり社会全体として反乱したりしても正当だと考えられた。第二に、もう少し後になって普及した方策だが、立憲的な制約を打ち立てることである。これによって、社会の同意、あるいは、社会の利害を代表すると考えられた特定集団の同意が、統治権力の非常に重要な行為の一部〔たとえば課税〕にとって必須の条件とされた。ヨーロッパの大半の国々では、支配権力は、これらの制限方法のうち第一のものに多かれ少なかれ従うよう強いられた。第二の方法に関してはそうなっていなかった。そこで、これを達成することが、あるいは、すでにある程度獲得している場合にはいっそう徹底させることが、どの国でも自由を愛する人々の主要目的になった。〔自由にとっての〕敵どうしを闘わせることでよしとし、専制防止の多少なりとも実効的な保証があれば一人の主人による支配でよいと思っていたあいだは、人々がこれ以上の何かを望むということはなかった。

しかし、人間社会の営みが進歩していく中で、統治者の権力が自分たちの利益に対立し自分たちとは無関係に成立しているのは本質的に避けられないことだ、と人々が考えなくなる時代が到来した。国家の種々の統治担当者を自分たちの請負人か代理人とし、自分たちの意向次第で解任できるようにした方がはるかによい、と思えてきたのである。この方法によってしか、人々の不利になるような政府権力の濫用を十分確実になくすことはできないだろう、というわけである。選挙で選ばれる期間限定の支配者という、この新しい要求は、徐々に、民主政志向の政党が存在しているところではどこでも、そうした政党の主要な活動目標となり、かなりの程度、支配者の権力の制限というそれまでの努力に取って代わるようになった。

被支配者による定期的な選挙によって支配権力を成立させる闘いが進んでいくにつれて、従来は権力の制限それ自体に重要性を与え過ぎていたと考え始める人も出てきた。そうした制限は、民衆全般の利益とつねに反する利益を持つような支配者への対抗策だった(と思えてきたようである)。今必要なのは、支配者が国民と一体化することであり、支配者の利益と意思が国民の利益と意思と同じものになることである。国民は自分自身の意思に対して保護される必要はない。国民が自分自身を専制的に支配する心配はない。国民に対する支配者の責任を実効性のあるものにし、国民が手早く支配者を罷免できるようにしておけば、権力を支配者に信託しても、その使い方は国民自身が指示できるのだから、問題はないだろう。支配者の権力は、集中化され行使しやすい形になった国民自身の権力に他ならない。以上のような考え方は、おそらく感じ方と言った方がよいだろうが、ヨーロッパ自由主義の少し前までの世代に共通していたし、今でも、大陸の自由主義では明らかに優勢である。大陸の政治思想家たちの中では、存在すべきでないと彼らが考えるような政府〔特権的少数者の政府〕でなくても、〔どんな政府であっても〕政府がしてよいことには限度があると認める思想家は、際立った例外である。(2) イギリスでも、同じような傾向の感情は、そうした感情を一時的に助長していた状況がもし変わらずに続いていたら、今頃は支配的になっていたかもしれない。

しかし、人間の場合でも同様だが、政治理論や哲学理論での成功は、不成功であれば見えないまま隠せていたかもしれない欠陥や弱点を露見させてしまう。民主政的統治がたんに夢見る対象でしかないときには、あるいは遠い昔に存在していたと本で読むだけのものだったときには、国民に行使される国民自身の権力を制限する必要はないという考えは、自明の理のように思えたかもしれない。また、この考えは、フランス革命のような一時的な異常事態があったからといって、それで必ずしも揺らいだわけではなかった。あの異常事態のうちで最悪だったものは、少数の簒奪《さんだつ》者たちの仕業だった。民主政的制度の恒常的な作用によってではなく、君主と貴族の専制に対する急性の発作的な騒乱から生じていたのである。

ところが、やがて一つの民主政共和国〔アメリカ合衆国〕が地上の広大な部分を占めることになり、国際社会における最強国の一つだと実感されるようになった。重大な事実として登場してきたものには、観察と批判が待ち構えている。選挙で選ばれ国民に責任を負う統治も、そうなった。今となってわかったのは、「自治」とか「人民の自らに対する権力」とかいった言葉は、本当の実態を表わしていないということだった。権力を行使する「人民」は、権力を行使される人民といつでも同じというわけではないし、言われている「自治」にしても、各人による自分自身の統治ではない。それぞれの人を統治するのは、本人以外の全員ということなのである(3)。しかも、人民の意思が実際に意味しているのは、その中で最大多数を占めているか最も活発であるような部分の意思である。つまり、多数者、あるいは多数者だと受け取られることに成功している部分の意思である。そのため、人民は人民の一部に対する抑圧を望むかもしれないのであり、これについても、他の権力濫用の場合と同様に予防策が必要となる。したがって、権力保持者が社会に対して定期的に責任を負うといっても、社会とはつまりその中での最強集団のことだから、個人に向けられる政府権力を制限することは重要性を少しも失わない。こうした見方は、思想家たちの知性に訴えるところがあったし、また同様に、民主政とはそりの合わない実際の利益あるいは利益だと思っているものを持つヨーロッパ内の有力階級の心情にも訴えるところがあったので、なんら困難もなく定着した。そして、今では政治に関する思索において、「多数者の専制」[4]は、社会が警戒しなくてはならない弊害の一つに含められるのがふつうである。

多数者の専制は、当初は他の専制と同様に、主に公的機関の行為を通じて作用するものとしてとらえられ恐れられた。今でも一般的にはそうである。しかし、社会それ自体が専制的支配者である場合には、つまり、構成員の個々人に対して社会全体がまとまって専制的支配者となる場合には、専制の手段は公務担当者たちによる行為に限られない。このことに、思慮深い人々は気づいた。社会は自分で自分の命令を通すことができるし、現にそうしている。もし、社会が正しい命令ではなく間違った命令を出したり、干渉すべきでない問題で命令を出したりするのであれば、種々多様な政治的抑圧よりもいっそう恐ろしい社会的専制が行なわれることになる。なぜなら、社会的専制はふつう、政治的抑圧のように極端な刑罰で支えられていないとはいえ、逃れる手段はより少なく、生活の隅々にはるかに深く入り込んで魂それ自体を奴隷化するからである。だから、統治者による専制への防護だけでは十分でない。支配的な意見や感情の専制に対する防護も必要である。社会には、社会自体の考え方や慣行に従わない人々に対して、そうした考え方や慣行を行為規範として、法的刑罰以外の手段によって押しつけようとする傾向がある。社会の流儀に合わないような個性の発展を食い止め、できればそうした個性が形成されることを防いで、あらゆる性格が社会自体のひな形に合うように強制する傾向である。このような傾向への防護も必要なのである。個人の独立に対して集団の意見が干渉しても正当と言える範囲には、限界線がある。その限界線を見出し、侵害に対してそれを守り抜くことは、政治的専制に対する防護と同様に、人間生活の健全な状態にとって必要不可欠である。

しかし、この主張に対して一般論として異議が唱えられることはなさそうだとしても、限界線をどこに引くのか、個人の独立と社会による統制とのあいだで適切な調整をどう行なうか、という実際的問題は、まだほとんど手つかずのままの論点である。人々の生活にとって大切なものはすべて、他人の行動に抑制が課せられているかどうかに影響される。だから、何らかの行為のルールが課せられなければならない(5)。まずは法律によってであり、法律を発動することがふさわしくない多くの物事の場合は世論によってである(6)。このルールがどうあるべきかは、人間生活における非常に重要な問題である。それなのに、これは、ごくごくわかりきった事例の場合でも、少数の事例を除くと、解決に向けた進展がほとんど見られない問題の一つなのである。

どの二つの時代をとっても、同じような解決にたどり着いたことはなく、また、どの二つの国をとってもおおむねそうである。ある時代の解決や、ある国の解決は、別の時代や別の国にとっては不可解なのである。ところが、このことについて、どの時代もどの国民も問題があるとは思っていない。人類がつねに一致してきた物事であれば問題があるとは思わないものだが、まるでそれと同じであるかのようである。自分たちに通用しているルールは、自明で正しいのが当たり前と見えているのである。ほとんど普遍的になっているこの思い違いは、習慣の魔術的な影響力を示す一例である。格言にあるように習慣は第二の本性だが、そればかりか、絶えず第一の本性と取り違えられている。習慣はふつう、他人や自分自身に対して、〔なぜそうなっているのかという〕理由を示す必要があるものだとは考えられていない。それだけに、人々がたがいに課している行為のルールに関して疑念を持たせないという点で、習慣の効果はいっそう徹底している。こういう性質の問題に関しては、自分たちの感情が理由よりもすぐれたものであって、理由は不要だという考えに人々は馴染んでいて、哲学者を自任したがっている一部の人々の考え方[7]がそれを助長している。

人間の行為のルールに関して人々の意見を導いている実際の原因は、自分や自分が共感を寄せている人々の望むとおりに誰もが行為すべきだ、という各人の内心にある感情である。たしかに、自分の判断基準は自分自身の好みだ、と認める人はいない。しかし、行為に関する意見は、理由に支えられていないとしたら、個人の好みとみなすしかない。また、理由が示されたとしても、他の人々の同様の好みに訴えるだけのものだとしたら、一人の好みを大勢の人々の好みに代えただけにすぎない。ところが、こういう〔他の人々の同様の好みという〕支えがあると、ふつうの人にとっては、自分自身の好みがまったく申し分のない理由となる。しかも、道徳や趣味や礼儀作法に関する自分の考えのいずれについても、持っている理由と言えばこれだけなのである。このような理由は、自分の宗教的信条にはっきりと書き込まれているわけではない。むしろ、そうした信条を解釈するときの主要な導きにすらなっているのである。

結局のところ、何を賞賛し何を非難するのかについての人々の意見は、他人の行為に関する自分の願望に影響を与えている多種多様な原因のすべてから生じている。それらの原因は、他のあらゆる物事に関する人々の願望を決定している原因と同様に、数多くある。人々の分別であることもあれば、偏見や迷信ということもある。多くの場合は人々の社会的な感情だが、羨望や嫉妬、尊大さや軽蔑心といった反社会的感情の場合も少なくない。とはいえ、最も一般的な原因は自分自身の欲望や恐れ、つまり、正当であることもあれば不当であることもある自己利益である。

一国の道徳の大部分は、優越的な階級が存在している場合はつねに、その階級の階級的利害と階級的優越感から生じてくる。スパルタの市民と奴隷、植民地の農園主と黒人たち、君主と臣民、貴族と平民、男性と女性、といった人々のあいだにあった道徳は、大半は、こうした階級的な利害や感情の産物だった。ここから生じた感情は、さらに、優越的階級の内部でも、構成員間の関係をめぐる道徳感情にまではね返って作用した。他方で、以前は優越的だった階級が優越性を失った場合、あるいは、優越しているが不評な場合は、社会全般の道徳感情は、優越性というものに対する苛立ちのともなった嫌悪という特徴を帯びることが多い。

行為のルールは作為と不作為のどちらに関しても、法律や世論によって強制されてきたのだが、この行為のルールを決定したもう一つの大きな原因は、自分たちの世俗の支配者や自分たちの神の好き嫌いと思われるものに対する隷従だった。この隷従は、本質的に自己中心的ではあるが(8)、偽善ではない。これが正真正銘の憎悪の感情を生じさせ、魔術師や異端者の火あぶりへと人々を駆り立てた。

これほど数多くの低次元の影響のはざまにはあったものの、社会的な利害は広範囲におよぶものであり、目にもつきやすいから、当然のことながらみずからの持ち場を確保し、道徳感情を方向づける大きな影響力を持った。とはいえ、そうなったのは、社会的な利害それ自体が理由だったというよりも、利害から生じてきた共感や反感の結果としてである。しかも、社会の利害とほとんど関係がないか、まったく関係のない共感や反感もあって、これらも同じぐらい大きな力によって、道徳の確立の際に存

在感を示したのである。(9)

このように、社会の好き嫌いや、社会内の有力層の好き嫌いこそが、法律や世論の科す刑罰の下で社会全般に守らせるために作られたルールを、実際に決定してきた主要なものである。また、思考や感情が世間よりも先進的だった人々も、ルールの細かいところでどれほど争ったにせよ、原理面ではこのような状況を無批判のまま放置しておくのがふつうだった。彼らは、社会の好き嫌いが個人を縛る規範であってよいのかを問うよりも、むしろ、社会は何を好き嫌いの対象とすべきかを探究することに集中していた。彼らは自由の擁護を〔自分たち以外のさまざまな〕異端者全般との共通の大義とすることよりも、自分たちが異端的となっている特定の点について人々の感情を変えようとすることを選んだのである。

個人によるあちらこちらでの企てを別にすれば、高い水準の原理や主張の一貫性に達していた唯一の事例は、宗教的信仰である。これは多くの点で教訓となる事例だが、いわゆる道徳感覚というものの可謬性に関する非常に際立った例となっている点で、特に教訓的である。なぜなら、真剣で、しかも頑迷な信仰者が抱く神学上の憎悪は、道徳感情というものの明白この上ない一事例だからである。普遍教会と自称していたもの〔カトリック教会〕による束縛を最初に打ち破った人々〔宗教改革者たち〕は、ほとんどの場合、この普遍教会と同様に、宗教的意見の違いを少しも許容しなかった。ところが、いずれの側も決定的な勝利に至らないまま、やがて対立の熱気が冷めて、それぞれが自分たちの教会や教派がすでに占めていた地歩を固めることしか望めなくなると、少数派の側は、多数派になる機会がないことを悟って、自分たちで改宗させることのできなかった〔宗教上の〕多数派に対して、違いを許容せよと主張する必要に迫られた。そういうわけで、この戦いの場にほぼ限って、社会に対する個人の権利が、原理という幅広い根拠にもとづいて主張され、異論を唱える人々に向けた社会の権力行使が公然と否定されたのである。世界が手にしている宗教的自由に寄与した偉大な著述家たちの多くは、良心の自由を不可侵の権利として主張し、人は自分の宗教的信条に関して自分以外の人々に対する責任があるということを全面的に否定した。(10)

とはいえ、人々が本気になっている物事の場合、それが何であれ、不寛容はごく自然なことである。だから、宗教的自由は、神学論争で平和が乱されることを嫌う宗教的無関心が味方をしている場合を除くと、実際にはほとんど実現してこなかった。最も寛容な国々においてすら、ほぼすべての宗教的な人々の考えでは、寛容の義務を認めるとしても暗黙の留保条件つきである。教会統治の問題での異論は許容するが、教義の問題に関しては異論を許容しない人がいる。カトリック教徒やユニテリアン(11)でなければ誰にでも寛容になれる、という人がいる。啓示宗教(12)の信者であれば誰にでも寛容でいられる、という人もいる。少数ながら、もう少し許容範囲を広げる人もいるが、それでも、神と来世を信じるところまでで終わりである。多数者の感情が依然として本気の強烈なものであると、どんな場合でも、その感情に従えという要求が弱まることはほとんどない。

イギリスでは、政治史上の特異な事情のために(13)、他のほとんどのヨーロッパ諸国に比べて、世論による束縛は厳しいが、法律による束縛は緩やかである。また、個人の行為に対する立法権力や執行権力の直接的干渉に関しては、かなり強い警戒心がある。ただし、そうなっているのは、個人の独立が尊重されているからというよりも、政府は国民全般と対立する利害を体現している、と考える習慣が依然として残存しているためである。多数者は、政府権力が自分たちの権力であり、政府の見解とは自分たちの見解なのだ、という感じ方をまだ身につけていない。そういう感じ方を多数者が身につけるようになれば、個人の自由は、すでに世論から侵害を受けているのとおそらく同程度に、政治からの侵害も被ることになるだろう。しかし、今までのところで言えば、法律による規制にこれまで馴染みがない事柄について個人を法律で規制しようとすると、非常に強い反発の感情が生じることになる。しかも、その反発は、法律で規制しても正当と言える範囲内にある事柄かどうかということとは、ほとんど無関係に生じている。こういう感情は、一般論としては大いに有益だとしても、特定の事例に向けられる際には、十分に根拠がある場合もある一方で、おそらくそれと同じぐらいに的外れなことも多い[14]。実際のところ、政府による干渉が適切か不適切かを見分けるときにいつでも用いられるような、承認済みの原則は存在していない。人々は、自分の個人的な好みに合わせて〔政府による干渉の適否を〕決めているのである。なすべき善や除去すべき害悪を目にするにつけ政府に仕事をさせようと積極的に働きかける人々がいる。その一方で、人間の利害のさまざまな分野の中に政府が規制してよい分野を一つ追加するぐらいなら、ほとんどどんな程度の社会的な弊害でも我慢した方がました、と考える人々もいる。人々は自分の感情のこうした一般的方向性に合わせて、特定の事例での自分の立場を決めている。あるいは、政府が行なうべきと提言されている特定の物事について、自分にどれほどの関心があるかに合わせて決めていることもある。また、政府がしようとすることについて、自分の気に入っているやり方でしてくれるのか、してくれないのかを考えて立場を決めていることもある。しかし、政府が行なうのにふさわしいのはどんな物事なのかについて、自分たちが一貫して支持している見解に即して立場を決めるというのは、きわめてまれである。だから、私の見るところでは、ルールや原則のこうした不在の結果として、現時点では、それぞれの立場はしばしば間違いを犯している点で互角である。政府による干渉は、本来は要求されるべきでないのに要求されたり、本来は非難すべきでないのに非難されたりすることが、ほぼ半々になっているのである。

本書の目的は、社会が強制や統制というやり方で個人を扱うときに、用いる手段が法的刑罰という形での物理的な力であれ、世論という形での精神的な強制であれ、その扱いを無条件で決めることのできる原理として、一つの非常に単純な原理を主張することである。その原理とは、誰の行為の自由に対してであれ、個人あるいは集団として干渉する場合、その唯一正当な目的は自己防衛だということである(15)。文明社会のどの成員に対してであれ、本人の意向に反して権力を行使しても正当でありうるのは、他の人々への危害を防止するという目的の場合だけである。身体面であれ精神面であれ、本人にとってよいことだから、というのは十分な正当化にはならない。そうした方が本人のためになるとか、本人をもっと幸福にするとか、他の人々の意見ではそうするのが賢明で正しいことですらあるといった理由で、本人を強制して一定の行為をさせたりさせなかったりすることは、正当ではありえない。これらの理由は、本人をいさめたり、道理を説いたり、説得したり、懇願したりする理由としては正当だが、本人を強制したり、言うとおりにしない場合に害悪を加える正当な理由にはならない。それを正当化するためには、制止したい行為が、他の誰かに危害を加えることを意図しているものでなければならない。この人が社会に従わなければならない唯一の行為領域は、他の人々にかかわる行為の領域である。本人だけにかかわる領域では、本人の独立は、当然のことながら絶対的である。個人は、自分自身に対しては、自分自身の身体と精神に対しては、主権者である。(16)

おそらく言うまでもないことだろうが、この原理は、成人としての能力をそなえた人々にだけ適用されることを念頭に置いている。議論の対象としているのは、子どもや法定の成人年齢に達していない若者ではない。他の人々による保護をまだ必要とする状態にある人は、外界からの危害に対してと同様に、自分自身の行為に関しても保護されなければならない。同じ理由から、民族そのものが未成年と考えられる社会状態も、考察から除外してよいだろう。自然に成長していく場合には、初期段階での困難は非常に大きいので、それを克服する手段にはほとんど選択の余地がない。だから、向上精神に満ちた支配者は、他の手段では目的を達成できそうになければ、どんな手段を使っても許される。目的が未開人を改善することであって、その手段がこの目的を実際に実現することで正当化される限りでは、専制は正当な統治の仕方なのである。自由の原理は、人類が自由で対等な討論によって進歩していけるようになる以前の状況には適用できない。それまでは、人類は幸運にもアクバル(17)やシャルルマーニュ(18)のような人物に出逢えるのであれば、そうした人物に絶対的に服従するしかない。しかし、人々が説得され納得させられた上で自分自身を向上させることができるようになるやいなや(ここで考慮する必要のあるすべての諸国民に関しては、はるか昔に到達している時点だが)、強制は、直接的な強制であっても、あるいは、言うとおりにしない場合には苦痛や刑罰を科すという形であっても、もはや人々自身の幸福の達成手段としては許容できなくなり、正当化できるのは他の人々の安全を確保する場合に限られることになる。

権利の考え方が抽象的で効用とは無関係なものである限り、そこから私の議論に都合のよい論点が引き出せたとしても、私はそれを利用しない、と言っておいた方がよいだろう。私は、あらゆる倫理的な問題に関する究極の判断基準は、効用であると考えている。(19) ただし、この効用は、最も広い意味での効用でなければならない。つまり、進歩していく存在としての人間にとって永久に変わることのない利益を根拠とする効用でなければならない。そのような利益に照らしてこそ、他人の利益にかかわる各個人の行為という点に限って、個人の自発性を外的な統制に従わせることが正当化されるのだ、と私は主張しておきたい。もし誰かが他人に危害を与える行為をしたら、法律によって、あるいは、法的刑罰を問題なく科すことができない場合は社会全般からの非難によって、その行為者を処罰する根拠がひとまずある、ということである。

他の人々の利益となる積極的な行為で、本人に強制しても正当な行為も数多くある。たとえば、法廷で証言することである。また、共同防衛や、その他、社会的利益が保護されることで自分も恩恵を受けている場合に、その社会的利益に必要な共同作業を公平に分担することも、そうである。さらに、同胞の生命を救ったり、虐待に無防備な人々を守るために介入したりといった一定の個人的慈善の行為など、いつ、いかなるときでも明らかに人間の義務であるような行為については、何もしなければ社会に対する責任を問われても当然だろう。他の人々への危害は、行為によってばかりでなく行為しないことでも引き起こされるのであり、いずれの場合でも、当事者がその危害に関して責任をとらされるのは、正当なことである。たしかに、不作為の場合は、作為の場合よりも、強制を加えることにはいっそうの慎重さが必要である。他人に危害を加えた人間には誰であれ責任をとらせるのが原則であり、それに比べれば、害悪を阻止しなかったことの責任を問うのは例外である。ただし、そうした例外が正当と言えるほど十分に明白かつ重大な事例も数多くある。自分以外の人々との関係にかかわる物事であれば、そのすべてにおいて、個人が利害当事者に対して責任を負い、必要とあれば、利害当事者の保護を受け持つ社会に対しても責任を負うのは当然である。

行為者に〔他人の利益に影響する行為であっても〕責任を負わせない正当な理由のある場合もしばしばある。しかし、そのような理由は特別な比較考量によるものでなければならない。つまり、どんな形であれ社会が権力によって本人を規制するよりも、本人の裁量に任せた方がたいていは本人の行為がもっと望ましいものになる、という理由であるか、あるいは、社会が規制しようとすると、規制によって防止される害悪に比べてもっと大きな別の害悪が生じてしまう、という理由である。[20] こうした理由のために責任を課されないときには、行為者本人の良心が、空席となった裁判官の席に着いて、外からの保護を受けられない他の人々の利益を保護すべきである。そして、この場合は、他の人々の裁きに対して責任を負わなくてもよいのだから、なおさら厳格に自分を裁くべきなのである。

しかし、個人とは区別されるものとしての社会が、利害を持つとしても間接的な利害でしかないような行為の領域が存在する。その領域に含まれるのは、個人の生活や行為の中で、本人にしか影響しない部分、あるいは他の人にも影響するとしても、その人が自由に、だまされることなく自発的に同意して加わっている部分のすべてである。本人にしか影響しない、ということで私が言いたいのは、直接的に、かつ最初の段階において、ということである。なぜなら、何であれ本人に影響するものは、本人を介して他の人々に影響することもあるからである。こうした付随的に起こる物事を根拠とした反対論については、後に〔本書第五章で〕考察することにしよう。

ということで、以上が人間の自由にふさわしい領域である。この領域を構成するのは、第一に、意識という内面の世界である。これが要求するのは、最も広い意味での良心の自由である。つまり、思想と感情の自由であり、実践的あるいは理論的な問題であれ、科学や道徳や神学にかかわる問題であれ、あらゆる問題に対して意見や感情を抱いてよいとする無条件的な自由である。意見を表明し出版する自由は、他の人々にかかわる個人の行為の部分に属しているから、別の原理の対象になると考えられそうだが、しかし、思想の自由とほぼ同じぐらい重要であり、かなりの程度、同じ理由を根拠としているので、思想の自由と実際には切り離せない。

第二に、この原理は、何を好み何を目的にして生きるのかという点での自由を要求する。つまり、自分自身の性格に合った生活の仕方を作り上げていく自由であり、生じてくる結果を引き受けつつ、自分のしたいことをする自由である。本人のすることを他の人々が愚行であるとか、常軌を逸しているとか、不適切だとか考えたとしても、彼らに危害がおよんでいるのでない限り彼らから妨害されない、ということである。

第三に、各人のこうした自由から、それと同じ範囲内で個人どうしが結びつく自由が生じてくる。他人に危害を与えるのでなければ、どんな目的のためであれ結合する自由である。ただし、結合する当事者たちは成年に達していて、強制されたりだまされたりしていないことが前提である。

これらの自由が全般的に尊重されていない社会は、そこでの統治形態がどんなものであっても、自由ではない。また、これらの自由が絶対的に無条件で存在していない社会では、自由は不完全である。自由の名に値する唯一の自由とは、他人の幸福を奪ったり幸福を得ようとする他人の努力を妨害したりしない限り、自分自身のやり方で自分自身の幸福を追求する自由である。各人は、身体の面でも心や信仰の面でも、自分自身の健康を守るのにふさわしい当事者である。本人以外の人々からすれば望ましく思える生き方を本人に強制することよりも、それぞれの人が自分に望ましいと思える生き方をたがいに認め合うことで、人類ははるかに大きな利益を得るのである。

この主張はけっして新しいものではなく、わかりきったことのように思う人もいるかもしれない。しかし、現在の世論や慣行の一般的傾向と、ここまで真向から対立する主張はない。社会には、社会人としても一人の個人としても卓越している人の人間像があり、この人間像に人々が従うようにするために、社会は(自らの知見を動員して)全力を尽くしてきている。古代の諸共和国は、私的行為のあらゆる部分を公的権威によって規制してよいのだと考え、古代の哲学者たちもこれを支持した。国家は市民全員の身体面および精神面での規律全体に深い利害関係を持っているというのが、その根拠だった。こうした考え方が許される場合もあったかもしれない。強力な敵に囲まれ国外からの攻撃や国内の騒乱による国家転覆の危険に絶えずさらされていた小規模な共和国では、ほんの一瞬の気の緩みや自制心の弱まりがすぐさま致命的な事態をもたらすことになるため、自由がもたらしてくれる有益な持続的効果を待つ余裕がなかったからである。近代世界では、政治社会がもっと大規模になり、また、とりわけ、聖俗の権威が分離されたことで〔そのため、人々の良心を方向づけるものは、世俗生活の統制担当者以外の人々の手中に置かれるようになった〕、私生活の細部に対するそこまで大々的な干渉は法律ではできなくなった。とはいえ、本人にしかかかわらない問題で支配的意見から逸脱することに対しては、道徳的抑圧の手段が容赦なく行使されており、〔他人にかかわるような〕社会的問題で支配的意見から逸脱する場合を上回るほどである。道徳感情の形成に入り込んでいた要素の中で最も強力なものである宗教は、ほとんどつねに、人間の行為の全部門を統制しようとする階層制組織〔カトリック教会〕の野心か、あるいはピューリタニズムの精神に支配されてきた。

さらに、過去の宗教に対する最強の反対者を自任している現代の改革者の中には、人間の内面を支配する権利を主張する点で、教会やセクトにまったく劣らない人々もいる。とりわけ、コント氏の場合がそうである。彼の著書『実証政治学体系』で展開されている社会体制は、個人に対する社会の専制の確立(ただし、法的手段よりも精神的手段によってではあるが)をめざしていて、この専制は、古代の哲学者たちにおける最も厳格主義的な政治的理想の中で夢想されたどんな代物をも凌駕している。[21]

個々の思想家たちの特異な信条とは別に、世の中全般にも、世論の力やさらには法律の力まで用いて個人に対する社会の権力を不当に拡大しようとする傾向が強まりつつある。また、世の中で生じているあらゆる変化の傾向が社会を強め個人の力を弱めるようになっているために、〔社会による〕このような侵犯がもたらす害悪は、ひとりでに消滅していくどころか、むしろ、ますます手に負えなくなってきている。支配者であれ同じ市民の立場にある人々であれ、自分たちの意見や好みを行為のルールとして他人に押しつけようとする人間の傾向は、人間本性に付随するいくつかの最善の感情と最悪の感情[22]によって非常に強力に支えられている。したがって、権力をなくす以外に何をしたところで、この傾向を抑え続けることはできない。しかも、権力は衰退するどころか強大化しているのだから、このような弊害に対して道徳的確信の強力な障壁を打ち立てることができなければ、世の中の現状では弊害はもっと大きくなると予想しなければならないのである。

一般的命題に直ちに入っていく代わりに、まずは、ここで示している原理が完全にではないにしても、ある程度は現在の世論によって認められている分野に論点を絞ることにする。その方が議論を進めるのに好都合だろう。その分野とは思想の自由である。この自由は、言論の自由や著作の自由という、同系統の自由と切り離せない。これらの自由は、かなりの程度、宗教的寛容と自由な制度を標榜しているあらゆる国々で政治道徳の一部となっているものの、その理論的な根拠や実践的な根拠はいずれも、おそらく考えられてきたほどには国民全般に知られていないし、世論の指導者たちですら、その多くが十分には理解していない。これらの根拠は、正しく理解すれば、主題のこの分野〔思想の自由〕だけではなく、もっと広い範囲に適用できる。だから、問題をこの分野で徹底的に考察しておけば、残りの部分〔その他の個人的自由〕にとっての最善の導入となるだろう。そういうわけなので、私がこれから始めようとしている議論のどれにも目新しさを感じない読者がおられても、これまで三世紀にわたって頻繁に論じられてきた問題について、私があえてもう一つの議論を加えていることを許していただきたい。

第二章　思想と討論の自由

腐敗した統治や専制的な統治を防ぐ方策の一つとして「出版の自由」を擁護するために、何らかの議論が必要だった時代は、過ぎ去ったものと考えたい。国民全般と利害が一致していない立法府や行政府が、国民に意見を押しつけたり、どんな主義主張や議論ならば国民は聞いてよいのかを決めたりすることは許されない、という議論は、今では不要になったと考えてよいだろう。しかも、〔自由という〕問題のこの一側面は、過去の論者たちが非常に頻繁に力説し十分に勝利を収めることができたので、本書でわざわざ強く主張する必要もない。出版の問題に関するイギリスの法律は、チューダー朝時代〔一四八五—一六〇三年〕と同じように今日でも相変わらず隷従を強いるものではあるが、政治的議論に向けて実際に発動される危険は、反乱への恐怖のために大臣や裁判官が分別を失うような何らかの一時的なパニック状態の場合を除けば、ほとんどない。＊また、一般論として言えば、立憲国家では、国民に対する政府の責任が完全か不完全かにかかわらず、意見表明への規制が頻繁に行なわれる心配はない。例外があるとすれば、政府自体が国民全般の不寛容を代行する機関になって意見表明を規制する場合である。

＊〔原注〕この文章を書くか書かないかの一八五八年に、この文章を真向から否定するかのように、政府による出版関連の訴追事件が起こった。(1) しかし、公的な討論の自由に対するこの軽はずみな干渉があったからといって、私はこの文章を一語たりとも変更する気にはならなかった。また、パニック状態のときは例外として、イギリスでは、政治的議論に刑罰が加えられる時代は過ぎ去ったという確信も弱まっていない。なぜなら、第一に、訴追は執拗に何度もくり返されたわけではないし、第二に、正確に言えば、政治的な訴追ではなかったからである。訴追原因は、制度を批判したことでも、支配者の行為や人格を批判したことでもなく、暴君殺害の合法性という不道徳とみなされていた主張を広めたことであった。

本章の議論に妥当性があるとすれば、どれほど不道徳だと考えられるかもしれない主張でも、倫理上の確信の問題としてそれを公言したり議論したりする完全な自由が存在すべきだ、ということになる。そうだとすると、暴君殺害の主張が不道徳の名に値するかどうかをここで検討するのは、この見方にそぐわない的外れなことになるだろう。私としては次のように述べるにとどめたい。暴君殺害の問題は、これまでつねに、未解決の道徳問題の一つだった。犯罪者自身が法律を超越する地位に身を置くことで、法律にもとづく刑罰や取り締まりがおよばない立場にある場合、その犯罪者を一私人が打ち倒したとしても、どの国民も、また、一部の最も善良で最も賢明な人々も、その行為を犯罪とみなすことはなく、むしろ気高い有徳な行為とみなしてきた。それに、是非はともかくとして、暴君殺害の本質は暗殺ではなく内戦である。厳密に言えば、特殊なケースでは、暴君殺害を煽動することは刑罰の対象となるだろうが、ただし、私の考えでは、刑罰を科してよい場合は限られている。つまり、煽動のあとにはっきりと目に見える行為が続き、その行為と煽動とのあいだにあったかもしれない結びつきが立証される場合だけである。この場合ですら、自衛の一環として自らの存否にかかわる攻撃を処罰できるのは、攻撃を受けた当の政府だけであって、よその国の政府ではない。

そこで、政府は、国民と完全に一体化していて、自らの強制力の行使が国民の意向に沿っているとみなせない限り、強制力を行使しようとはしないと想定しておこう。

そうだとしても、私は、意見表明に対して強制力を行使する権利を、国民自身にもその政府にも認めない。そのような権力自体が不当なのである。最善の政府でも、最悪の政府と同様に、そういう権力を持つことは許されない。このような〔意見表明を抑圧する〕権力は、世論に逆らって行使する場合と同じように、世論に沿って行使する場合でも有害であり、あるいはいっそう有害である。一人以外の全員が同じ意見で、その一人だけが反対の意見だったとしても、その一人を他の全員で沈黙させるのは不当なことである。その一人が権力を持ち、それによって他の全員を沈黙させるのが不当なのと同じである。

仮に、意見というものがその保持者以外には価値のない個人的所有物であって、保持することに邪魔が入ったとしても損害はその個人にとどまる、というのであれば、損害を被る人数が多いか少ないかで、なにがしかの違いは出てくるだろう。ところが、意見表明を沈黙させることには独特の弊害がある。沈黙させることで人類全体が失ってしまうものがある、ということである。現世代の人々ばかりでなく、後世の人々にとっても、失うものがある。その意見に賛成する人々にも、それにもまして、その意見に反対する人々にも、失うものがある。〔第一に〕もしその意見が正しいのであれば、人々は誤謬を真理に取り替える機会を失う。〔第二に〕もし誤りであっても、ほとんど同じぐらい大きな利益を失う。真理と誤謬との衝突があれば、それによって、真理はさらに明確に認識され、いっそう鮮烈な印象が得られる。この大きな利益を失ってしまうのである。

これら二つの仮定については、それぞれの仮定に対応する異なった議論系列があるので、別々に考察する必要がある。〔第一の仮定について言うと〕抑え込もうとしている意見が間違った意見だと確信することは、不可能なことである。また、〔第二の仮定について言うと〕間違っていると確信していても、その意見を抑え込むのが害悪であることに変わりはない。

第一に、権力によって抑圧されようとしている意見が、もしかすると真理であるかもしれない場合である(2)。その真理を抑圧したがっている人々は、もちろん、それが真理であることを否定する。しかし、こうした人々が無謬であるわけではない。彼らには、全人類に代わって問題に決着をつけて、自分たち以外のすべての人々に判断の手段を与えないでおく権限はない。ある意見が誤りだと自分たちは確信しているからという理由で、その意見に耳を傾けようとしないのは、自分たちの確信を絶対的確信と同じものだと想定することである。討論を沈黙させることは、すべての場合において、無謬性を想定することなのである。この常識的な議論を根拠に、討論を沈黙させることを非難してもよいだろう。常識的な議論だからといって、その分、妥当性が失われるわけではない。

人類の良識という点で残念なことだが、人類の可謬性という事実は、理論の上ではいつでも重要性が認められながらも、実際の判断ではまったく重視されていない。なぜなら、自分が誤りうることは誰もがよく知っていても、ほとんどの人々は、自分自身の可謬性に対して予防策をとる必要があるとは考えていないし、自分が十分に確実だと感じている意見が、自ら陥りやすいと認めている誤謬の一例かもしれないという想定を受け容れないからである。絶対君主や、それ以外でも無条件的に服従されることに慣れきっている人々は、ほとんどすべての問題に関する自分自身の意見について、そのような自信満々の確信を感じるのがふつうである。これよりも恵まれた境遇にある人々、つまり、自分の意見に対する反論を耳にすることが時々はあって、自分に誤りがあったときにそれを訂正される、ということにまったく不慣れというわけでもない人々でも、同じような見境のない自信を自分の意見に持つことがある。自分の周囲にいる人が皆、自分と同意見だったり、いつでも尊敬している人が自分と同意見だったりする場合がそうである。なぜなら、こういう人はたいてい、自分一人だけの判断に自信が持てない分だけ、「世間」全体の無謬性に絶対的信頼を置くからである。しかも、世間と言っても、各人にとってそれが意味しているのは、世間のうちで自分が接している部分のことである。つまり、自分の党派、自分の宗派、自分の教会、自分の社会階級である。これに比べれば、世間の意味するところが、自分の祖国とか自分の時代といった広大なものである人は、まだ度量が大きく心の広い人物だと言ってよいぐらいである。自分の属する集団の権威を信頼していると、他の時代、国、宗派、教会、階級、党派は正反対の考え方だったし今でもそうだと気づいても、その信頼はまったく揺るがない。こういう人は、異論を唱える他の人々にとっての世間と張り合って正論を守る責任を、自分自身にとっての世間に転嫁しているのである。これら数多くの世間のうちのどれが当人の信頼の対象になるかを決めているのはたんなる偶然であり、ロンドンで当人をイギリス国教会の信徒にしているのと同じ原因は、北京であれば仏教徒か儒教の信奉者にしただろう。こういうことも、当人はまったく気にかけていない。とはいえ、個人が無謬でないのと同じように時代も無謬ではないのはわかりきったことであり、ちょっとした議論で片付く話である。どの時代にも、後の時代からすれば誤っているばかりでなく、ばかばかしくも思える数多くの意見があるものである。だとすれば、以前は一般に広まっていた多くの意見を今の時代が否定しているのと同じように、現時点で一般に広まっている多くの意見も、将来の時代が否定するようになるにちがいない。

以上の議論に対して出てきそうな反対論は、おそらく、次のようなものである。誤った意見の拡散が禁止されても、そのとき無謬性が想定されているわけではない。これに関しては、公的な権力が自らの判断と責任にもとづいて行なっている他のすべてと変わるところはない。判断力が人間に与えられているのは、それを使うためにである。判断力が誤って使われることもあるからといって、判断力を一切使うな、と命じるべきだろうか。有害だと考えられるものを禁止したとしても、それで自分は無謬だと主張しているわけではない。誤ることはあるにしても、自分の良心的確信にもとづいて、自分の職責を全うする義務を果たしているのである。自分の意見は間違っているかもしれないから自分の意見にもとづいて行動すべきでない、というのであれば、われわれは自分の利害のすべてをないがしろにすべきで自分の義務のすべてを果たすべきでない、ということになる。すべての行為に当てはまってしまうような反対論は、特定の行為に絞って反対する際の有効な議論にはならない。可能な限りで最も真理に近い意見を持つこと、慎重を期して意見を持つこと、また、正しいという十分な確信がなければ他人に自分の意見を押しつけないことは、政府および個人の義務である。しかし、正しいという確信があるときは(と、この論者は言うだろう)、自分の意見にもとづいて行動するのを避けるのは、良心的なことではなく臆病なことである。また、あまり開明されていなかった時代に、現在は真理だと考えられている意見を迫害した人々がいたにせよ、だからといって、現世と来世のいずれにおいても人類の幸福にとって危険だと本心から思っている主義主張を制止せずに拡散させてしまうのも、良心的なことではなく臆病なことである。以前と同じ間違いをしないよう気をつけよう、という議論もあるだろうが、しかし、政府も国民も、権力を行使してもよいことになっている他の問題でも間違いを犯してきているのである。不当な課税もあったし、不正な戦争もあった。だからといって、一切の課税はすべきでなく、どんな挑発があっても戦争はすべきでない、ということになるだろうか。人々にしても政府にしても、自分の能力の最善を尽くして行動しなければならない。絶対的な確実性などというものは存在しないが、しかし、人間生活の目的にとって十分な程度の確実性は存在する。われわれは、自分自身の行為を導くために自分の意見を真理だと想定してよいし、また、そのように想定せざるをえない。虚偽で有害だと考えられる意見があって、それを邪悪な連中が広めて社会を誤らせることを禁止する場合でも、それ以上の想定はしていない、というわけである。

いや、はるかにそれを超えることを想定している、というのが私の応答である。反論のあらゆる機会があったのに反駁されていない意見だから、その意見を真理と想定するということと、反駁を許さないという目的のために意見が真理だと想定することとの間には、この上なく大きな違いがある。われわれの意見に向かって論駁し反証する完全な自由〔を認めること〕こそ、行動を起こす目的のためにその意見を真理だとわれわれが想定するのを正当化する条件なのである。これ以外の条件では、人間の諸能力をどう働かせても、真理かどうかについて合理的な確信を持つことはできない。

世の中の意見や人間生活のありふれた行為が以前はどうだったかを考えてみると、どちらも現状と変わらず、まずまずの状態におさまっている。なぜだろうか。人間の知性に元々そなわっている力によるのではないことはたしかである。なぜなら、どんな問題にしろ自明ではない問題を判断するとなると、一〇〇人の中で一人はできても、九九人はまったくできないからである。しかも、その一人の能力にしたところで、相対的に上ということでしかない。というのは、過去のどの世代の場合でも、群を抜いてすぐれていた人たちでありながら、その多くは、今では誤りだとわかっている意見を信じ、今なら誰も正当とは考えない多くの物事を行なったり是認したりしていたからである。それではなぜ、人々のあいだで合理的な意見や合理的な行為が、全体として見れば優勢なのだろうか。そうした優勢は、人間生活の状態が現時点でも過去のどの時点でも、ほぼ絶望的になっているのでない限り、存在しているはずである。それが現実に存在しているとすれば、人間精神の一つの資質のおかげなのである。その資質とは、知的な存在であり道徳的な存在でもある人間において、尊敬に値するすべてのものの源泉となっている資質、つまり、誤りを正すことができるという資質である。

人間は、討論と経験によって、自分の誤りを正すことができる。経験によってだけではない。経験をどう解釈したらよいかを示すための討論もなければならない。誤った意見や実践は、事実や議論に少しずつ屈していくものである。しかし、事実や議論は、知性になにがしかの効果をもたらすためには、知性に訴えてくるようにする必要がある。事実といっても、その意味を明らかにしてくれる注釈なしで理解できるような事実は、ほとんどない。そうだとすると、人間の判断の強みと価値は、判断が間違っているときは訂正できるという特質に依存しているのだから、判断を信頼できるのは、訂正する手段がいつでも手元に保たれている場合に限られる、ということになる。(3)

本当に信頼に値する判断をする人の場合、どうしてそうなっているのだろうか。その人の知性が、自分の意見や行為に対する批判に開かれているからである。自説への反論となりうるすべての議論を傾聴すること、批判が当たっている部分からは多くの教訓を得るとともに、誤っている部分については、どこが誤っているかを、自分に向かって、またときには他の人々に向けても丹念に説明することが、その人の習慣になっているからである。人間が問題全体の認識に少しでも近づいていける唯一の方法を、その人が実感しているからである。その方法とは、多様な意見を持つ人々がその問題について語ることのできるすべてに耳を傾け、また、あらゆるタイプの知性がその問題を注視する仕方をことごとく学ぶことである。どんな賢者も、これ以外の方法で英知を獲得したことはない。また、人間知性の性質からして、賢明になるのにこれ以外の方法はない。自分自身の意見と他人の意見を照らし合わせて自分の意見を訂正し補完する堅実な習慣は、自分の意見を実行に移すときに懐疑や躊躇を引き起こす原因などではない。それどころか、自分の意見に正当な自信を持つための揺るぎない唯一の根拠となる。その理由はこうである。このような人は、少なくともはっきりした形で自分に向けられる反論は全部知っていて、反論している全員に対抗して立論を行なっている。自分は反論や難点を回避するのではなく探し求めてきたのであり、問題に対して投げかけることのできるどの角度からの光も遮ってはいない、とわかっている。だから、どんな個人や大衆にせよこれと同じ手順をたどっていない判断をしているのであれば、それよりも自分の判断の方がすぐれていると考える権利がある、ということなのである。

人類の中で最も賢明な人々、つまり、いちばん信頼してよい判断をする人々が、自分の判断を信頼してよいと考えるのに必要だと認めている〔以上のような〕手順に、いわゆる公衆という、少数の賢者と多数の愚者からなる雑多な集団も従うべきだと要求しても、過度の要求ではない。諸々の教会の中で最も不寛容なローマ・カトリック教会であっても、聖者を列聖するときは「悪魔の代弁者(4)」を招き入れ、じっと耳を傾ける。最も聖なる人であっても、その人の難点だと悪魔が言うことのできるすべてが知られ考量されるまでは、死後の名誉を認めてもらえそうにもない。ニュートン理論でさえ、もし疑義を唱えることが許されていなければ、人類は現在のような全面的な信頼感は持てないだろう。確実性が最も保証されている信条でさえ、根拠がないことを証明せよと全世界に向けて常時呼びかけていること以外に、安心できる手立てはない。この挑戦に誰も応じていない場合や、挑戦に応じたものの不成功だった場合でも、われわれはまだ、確実性からはかなりかけ離れている。とはいえ、人間の理性の現状で可能な限りの最善は尽くされているし、真理を得る機会をわれわれに与えてくれる何事もおろそかにしていない。よりよい真理がある場合には、討論の場が開かれていれば、人々の知性がそれを感知できるようになった時点で発見されることになるだろう。それまでのあいだは、現時点で最大限可能な真理への接近を達成したと確信してよい。これが、誤りを犯しうる人間が達成できる確実性の上限であり、また、それを達成する唯一の方法なのである。

自由な討論を支持する主張の妥当性を認めながらも、それを「極端にまで推し進める」ことには反対する、というのは不可解である。理由というものは、極端な場合には当てはまらないというのであれば、どんな場合にも当てはまらなくなる。このことが理解されていない。疑いの余地がありうるあらゆる問題について自由な討論を認めておきながら、特定の原理や教義に関しては、それが確実であるから、つまり、自分たちはそれが確実であると確信しているから、疑問をさしはさむことは禁止すべきだと考えても、無謬性の想定にはならないなどと思うのは、おかしな話なのである。ある主張について、実際にはその確実性を否定することが許されていないものの、もし許されるなら否定したいと思っている人がいるのに、その主張を確実だと言い張るのであれば、自分や自分に賛同する人々が確実性の判定者であり、しかも、反対論に耳を傾けずに判定してもよい、と想定していることになる。

今の時代は、「信仰を欠きながら、懐疑主義を恐れている」と言われている。(5) 人々が確かだと感じているのは、自分の意見が真理であるということよりも、意見なしではどうしてよいのかわからないということである。このような時代には、ある意見が公然たる攻撃から守られるべきだという主張の根拠は、意見の真理性よりも、社会にとっての意見の重要性に置かれる。信条の中には、幸福にとって、必要不可欠とまでは言わないにしても非常に有益な信条があるのだから、それを支えることは、他の社会的利益を保護することと同様に政府の義務だ、と主張されるのである。こういう必要性があり、政府の義務とするのにこれほどふさわしい場合には、政府は、無謬だとまで言い張らなくても、大方の人々に支持されている意見にもとづいて行動してよいのであり、それどころか、そのように行動しなければならない、とされる。また、有益な信条を弱体化させたがるのは悪人だけだと主張されることは多いし、それにもまして多くの場合、〔口には出さなくても〕そう思われている。だから、悪人を規制し、こういう連中だけがやりたがることを禁止するのは何も間違っていない、という考えに至るわけである。このような考え方では、討論への規制の正当化は、主張の真理性の問題ではなく、主張の有用性の問題になる。これで、意見に対する無謬の判定者だと主張する責任を回避する手段ができたと自己満足するのである。しかし、このように自己満足している人々は、無謬性の想定が、一つの点から別の点に移動しただけだということに気づいていない。

ある意見が有用かどうかは、それ自体が意見の問題であり、これにも同じように反論が可能であり、同じように討論の余地があって、同じように討論を必要としている。意見が有害かどうかについても、問題ありとされている意見が自己弁護する十分な機会を持っていない場合は、意見が誤りだと決めるときと同様に、意見に関する無謬の判定者が必要になる。また、異端者は、自分の意見が真理だと主張することは禁じられているにせよ、その意見が有用だとか無害だと主張することは許されている、などと論じても無意味だろう。意見の真理性は、意見の有用性の一部になっている。ある主張を信じることが望ましいか望ましくないかを知りたいときに、その主張が真理かどうかの考察を除外できるだろうか。邪悪な人の意見ではなく、最も善良な人々の意見によれば、真理に反する信条は、本当のところは有益ではありえない。こういう最善の人々が、有益だとは言われていても自分は誤りだと考えている主張を否定し、そのことで罪に問われている場合、われわれは彼らに対して〈真理でないものは有益でもないという〉この訴えをさせないようにしておけるだろうか。

世の中で受け容れられている意見の側に立つ人々の方は、この訴えをすべて抜かりなく利用している。彼らは、意見の有用性が意見の真理性と完全に切り離せるかのようにして、意見の有用性の問題を扱っているわけではない。そうではなくて、何よりもまず自分たちの主張が「真理」であるからこそ、それを知り信じることが本当に必要不可欠なのだと考えているのである。これほど重要な論点〈真理だからこそ重要で有用だ、という論点〉を援用することが、一方の立場には許され他方の立場には許されないというのでは、有用性の問題に関する公平な議論は不可能である。

また、実際のところを見ても、法律や社会全般の感情が、ある意見の真理性についての異論を許していない場合は、その意見の有用性を否定することについても、まったく同様に不寛容である。手加減を加えるとしても、せいぜいのところ、その意見は絶対に必要だという主張を緩めたり、その意見を受け容れないことの罪を軽くしたり、といった程度のことでしかない。

誤っていると自分が判断している意見だから、ということでその意見を誰の耳にも届かないようにしてしまうのは、有害なことである。このことをさらに徹底して示すためには、議論を具体例に絞り込むのがよいだろう。そこで、私にとって最も不利な事例をあえて選んでみよう。これは、真理性という点でも有用性という点でも、意見の自由に対する反対論が最も強硬だと考えられる事例である。異論の向けられている意見が、神と来世への信仰、あるいは、道徳に関して一般的に受け容れられている主張であるとしよう。

この土俵での論争は、公正さを欠く論敵には非常に有利になる。なぜなら、この論敵は間違いなく次のように言うだろうからである（また、不公正を望んでいない多くの人でも、心の中では同じことを言うだろう）。いわく、あなたはこのような信仰や道徳的主張を、法による保護に値する十分確実な主張だとは思わないのか。ある意見を確実なものと思うことが無謬性の想定につながるとあなたは考えているが、神への信仰はそのような意見の一つなのか。

しかし、言わせてもらわなければならないが、私が無謬性の想定と呼んでいるのは、一つの主張（どんなものであれ）を確実だと感じる、ということではない。無謬性の想定とは、反対の立場から言えることに他の人々が耳を傾けるのを許さないまま、その人々に代わって問題の決定を引き受けることなのである。そのような形の主張は、たとえ私自身がいちばん真剣に確信している意見の側からの主張だったとしても、私は非難し拒否する。

ある意見が間違っているという点ばかりでなく、有害な結果をもたらすだろうという点でも、また、有害な結果をもたらすという点ばかりでなく、（私がまったく不適切だと主張している表現を用いるとして）不道徳で不敬虔であるという点についても、誰かが確信しているとしよう。しかし、その確信がどれほど決定的なものであったにせよ、そうした私的判断に固執することが、有害とされている意見を擁護する議論が人々の耳に届くのを妨げているとしたら、その判断が自国の人々や同時代の人々による一致した判断によって支持されていても、この人は無謬性を想定しているのである。当の意見が不道徳とか不敬虔と呼ばれている場合でも、それだけ、無謬性の想定という点で反対の余地や危険性が少なくなる、ということではまったくない。それはむしろ、他のすべてにもまして、いちばん致命的なケースになる。ある時代の人々が、後世の人々を驚愕させぞっとさせるような凄まじい誤りを犯すのは、まさにこのようにしてである。法という武器が、最もすぐれた人々や高潔この上ない信条を根絶するのに用いられた例として歴史に残っているのは、このような場合に他ならない。これは悲しいことに、最もすぐれた人物たちに関しては成功を収めた。信条の方は生き延びたものもあった。しかし、今度は、その信条や、その解釈として一般に受け容れられたものに異論を唱えた人々に向けて同様の仕打ちをする際に、（あたかもあざ笑うかのように）その信条〔を否定することの有害性〕が言い訳に使われたのだった。

かつてソクラテスという名の人がいて、この人と、当時の裁判所や世論とのあいだで、歴史に残る衝突が起こったことは、何度でも思い返してよい。この人は、たくさんの偉大な人々がいた時代と国に生をうけながらも、その中で最も有徳な人物だと、当人とその時代の双方を最もよく知る人たちは言い伝えている。また、われわれが知るところでも、ソクラテスは、その後の徳の教師たち全員にとっての指導者となり模範となった人物である。倫理学やその他のあらゆる哲学の二大源泉、つまり、プラトンの深遠な霊感と「智者たちの師」(6)アリストテレスの思慮に富む功利主義のどちらにとっても、ソクラテスは等しく原点である。ソクラテス以後の卓越した思想家全員の師と認められているソクラテスの名声は、二〇〇〇年以上を経てもさらに高まりつつあり、彼が生まれた都市〔古代ギリシャのアテネ〕に栄光を与えている他の人物たちすべてを凌《しの》ぐほどである。その彼が、不敬虔で不道徳だとして有罪を宣告された上で、同国人によって処刑されてしまった。ソクラテスは、国家公認の神々を信じなかったので不敬虔だとされた。それどころか、告発者は、ソクラテスがどんな神々もまったく信じていないと主張した(『ソクラテスの弁明』を参照)。その学説と教育によって、「若者を堕落させる者」であったという理由で、不道徳とされた。これらの告発について、裁判所はソクラテスが有罪だと大真面目に考えた。大真面目だったと信じてよい十分な根拠がある。おそらく当時のすべての人々の中で、人類から感謝を受けることに最も値する人だったソクラテスに対して、裁判所は犯罪者だとして死刑を宣告してしまったのである。

不正な裁判の例としてもう一つだけ取り上げておく。ソクラテスの有罪判決の後にこれに言及しても、話のレベルが急に落ちることはないだろう。一八〇〇年以上前にゴルゴダの丘で起こった出来事〔イエス・キリストの処刑〕のことである。この人の人生と語らいを目の当たりにした人々の記憶には、その道徳的な偉大さの強烈な印象が残された。そのため、その後一八〇〇年にわたって、この人は人間の姿をとった全能者として崇敬されてきた。その彼が、なぜ恥辱にまみれながら死刑に処せられたのか。神を冒瀆したからというのである。人々は自分たちの恩人をたんに誤解したのではなかった。実際とはまったく正反対のものと思い違いし、並外れた不信仰者として扱ったのである。もっとも、こうした扱いのために、今では彼らの方が、並外れた不信仰者と考えられているのだが。

現在では、以上のような悲しむべき処遇の例を見るにつけ湧き上がってくる感情のために、とりわけ二つのうち、後者の例では、悪役を演じた人たちに対する評価が極端に不公平になっている。この人たちは、どう見ても悪人ではなかった。ふつうの人よりもたちが悪いどころか、むしろその反対だった。その時代に人々が持っていた宗教感情や道徳感情、それに愛国心を十分に持っていたし、少々持ちすぎなぐらいだった。今の時代も含めてどんな時代でも、後ろ指を指されることなく尊敬されながら人生を送る機会を十分に持っているような、まさにそういう類いの人たちだったのである。自分の国のあらゆる考え方からして邪悪この上ない罪となる言葉が発せられたとき、自分の僧衣を引き裂いた大祭司は、きっと本気で恐怖を感じ憤激したのである(7)。今日、立派で敬虔な人々全般が、自分たちの公言する宗教感情や道徳感情において本気であるのと変わらない。また、今はこの聖職者のふるまいに戦慄する人々も、その大半は、この時代に暮らしていてしかもユダヤ人に生まれていたとしたら、まったく同じようにふるまっただろう。最初のころの殉教者たちに石を投げつけて殺害した下手人たちは、自分たちよりも悪い連中だったにちがいないと考えたがる正統派のキリスト教徒たちは、そうした迫害者の一人が聖パウロ(8)だったことを思い出すべきである。

もう一つ例をつけ加えよう。誤りについての印象の深さを、その誤りに陥った人の英知と徳の大きさによって測るとしたら、これはすべての事例の中で最も際立っている。あらゆる権力者の中で、同時代人のうち最良で最も開明されていると自任してよい根拠のある人と言えば、ローマ皇帝のマルクス・アウレリウス(9)である。〔ローマ帝国〔という〕文明世界全体の絶対君主でありながら、終生をつうじて正義を完璧に貫いたばかりでなく、彼を育んだストア哲学からはあまり期待できないことなのだが、非常に優しい心の持ち主でもあった(10)。若干の欠点があったとすれば、それらはすべて、寛大さに由来していた。その一方で、古代精神の最高の倫理的成果だった彼の著書〔『自省録』〕は、キリストの最も特徴的な教えと、たとえ多少の相違点があったにしても、ほとんど違いを感じさせない。マルクス・アウレリウスは、その後君臨したうわべだけのキリスト教君主のほとんど誰と比べても、教義の文言にこだわらない意味でなら、ずっとよいキリスト教徒だったのだが、その彼がキリスト教を迫害したのである。それまでの人類の学識全体の頂点に立ち、開放的でとらわれのない知性と性格によって自らの道徳的著作の中でキリスト教的理想を積極的に体現しながらも、自分の〔支配者としての〕職責に深く関与すればこそ、キリスト教が世の中にとって害悪ではなく善であることを理解できなかったのである。

マルクス・アウレリウスは、当時の社会がまったくひどい状態にあることを知っていた。しかし、世の中で受け容れられている神々への信仰と崇敬によって、そうした社会でもまとまりが保たれ、さらなる悪化が防止されているのだ、と彼は理解した。

あるいは、自分はそう理解していると考えた。彼は人々の上に立つ支配者として、社会をばらばらにしないことが、自分の義務だと考えた。それに、社会の既存の絆が取り除かれてしまったら、社会を再度結びつけることのできる何か別の絆をどう作り出せるのか、彼には見当がつかなかった。例の新しい宗教〔キリスト教〕は、既存の絆の解体を公然とめざしていた。したがって、この宗教を取り入れることが自分の義務でない限り、それを抑圧することが自分の義務だと思われたのである。マルクス・アウレリウスには、キリスト教神学が真理であるとか神的起源を持っているとは思えなかった。十字架にかけられた神、というこの奇妙な物語は信じがたいものだった。その教義体系は、どのように見くびられていたにしても、結局は本当に新たな出発点となったのだが、しかし、マルクス・アウレリウスから見れば、まったく信憑性のない根拠に全面的に依拠していると称していた教説だったので、そういうものになるとは予想できなかった。こういうわけで、哲学者や支配者の中で最も温和で最も寛大な人が、潔癖な義務感の下で、キリスト教の迫害を裁可してしまったのである。

これは、私の考えでは、あらゆる歴史の中で最も悲劇的な事実の一つである。もし、キリスト教信仰が、コンスタンティヌス(11)ではなくマルクス・アウレリウスの庇護の下で、帝国の国教とされていたら、世界のキリスト教はどんなに違ったものになっていただろうか、そう考えると残念でならない。

とはいえ、反キリスト教的な教えを罰するために〔今日において〕主張できる口実はどんなものでも、マルクス・アウレリウスがキリスト教の布教を処罰したときにはそろっていたのである。このことを否定するのは、彼に対して不公平であるし、また、真実に反してもいるだろう。無神論者は誤っていて社会を解体させる傾向がある、とキリスト教徒は固く信じているが、マルクス・アウレリウスも、キリスト教について同じことをいっそう固く信じていた。当時の人々の中で、キリスト教を最も正しく評価できたであろう、その彼にしてそうだったのである。意見を広めることへの処罰を認める人は、自分も一般大衆も総じて無謬だ、という想定を控えるべきである。自分がマルクス・アウレリウスよりも賢明で善良だと自負しているのでない限り、つまり、彼の時代の知恵にもっと深く精通し彼の知性を凌いでいて、真理の探究にもっと熱心で、真理を見出したときは彼以上にひたすらその真理に傾倒している、と自負するのでない限り、そうすべきである。偉大なアントニヌス〔マルクス・アウレリウス〕ですら、無謬性を想定したことで不幸な結果を招いてしまったのである。

どんな議論を持ってきてもマルクス・アントニヌスを正当化できないとなると、反宗教的な意見を抑圧するために刑罰を使うことは擁護できなくなる。宗教的自由に敵対する人々は、これに気づいて追い詰められると、ときには議論のこうした成り行きを認めた上で、ジョンソン博士[12]の言い草にならうこともある。いわく、キリスト教の迫害者たちは正しかったのだ。迫害は真理が通過しなければならない試練であり、真理はつねにこの試練にうまく耐えるものだ。法的刑罰は、有害な誤りに対して有益な効果を持つことがあるにしても、真理に対しては最終的には無力だ、というのである。これは、宗教的不寛容の賛成論の中でも十分注目に値する形のものであり、見過ごすことはできない。

迫害はどんな危害も真理に加えることはできない、だから真理を迫害してもかまわないのだ、と主張する議論に対しては、新しい真理の受容にことさら的を絞って敵意を向けている、という理由では非難はできない[13]。とはいえ、新しい真理によって人類に貢献している人々へのこういう仕打ちを大目に見るというのは、やはり感心できないことである。世界と深いかかわりを持つ物事でありながら以前には知られていなかった物事を発見し世界に示すことや、世俗的あるいは宗教的な関心の対象となる何か重要な点について誤りがあったと証明することは、人間が同じ人間たちに対してできる重要な貢献である。また、そうした貢献の中には、ジョンソン博士と同じ意見の人々が、人類に対する最も貴重な貢献だと考えている事例もある。初期のキリスト教徒たちや宗教改革者たちの事例である。あれほど素晴らしい恩恵をもたらした人たちだったのに、その報いに殉教させられ、最も卑劣な犯罪者として扱われたことが、この議論では、人類が痛恨の想いで悲しむべき嘆かわしい誤りや不幸ではなくて、ふつうのまともな事態になってしまう。この議論によると、新しい真理を説く人は、ロクリス人たち[14]が法律を制定するときの新しい法律の提案者と同じで、縛り首用のロープを首に巻いたまま立っていなければならない。公けの会議が、提案者の言い分を聴いた上で、その場で提案を採択しなければ、直ちに縛り首にされるのである。〔真理探究に貢献した〕恩人たちに対するこうした扱い方を擁護する人々が、その恩恵を高く評価しているとは考えられない。それに、このような見方をする人々は限られているように思う。新しい真理は以前は望ましいものだったかもしれないが今はもう十分に獲得済みだ、と考える人々ぐらいのものだろう。

　しかし、真理はつねに迫害に打ち勝つという格言は、陳腐な言い草になるぐらいまで何度もくり返されてはいるものの、実際にはいつでも経験によって反駁されているような、口当たりのいい嘘の一つである。歴史は、真理が迫害によって抑圧された事例で満ち満ちている。真理は、永久にではないにしろ何世紀にもわたって、抑え込まれることがある。

宗教的意見に限っても、そのように言える。宗教改革は、ルター以前に少なくとも二〇回は起こっていて、そのたびに抑え込まれた。ブレシアのアルナルドも、フラ・ドルチーノも、サヴォナローラも抑圧された(15)。アルビ派も、ヴァルド派も、ロラード派も、フス派も抑圧された(16)。ルターの時代以降でも、迫害が続いたところではどこでも、迫害は成功をおさめた。スペイン、イタリア、フランドル、オーストリア帝国のいずれにおいても、プロテスタンティズムは根絶された。イギリスでも、もしメアリ女王が生きのびるか(17)、あるいはエリザベス女王が死んでしまうかしていたら(18)、そうなる可能性は十分にあった。迫害は、異端者の勢力が強すぎてうまくいかなかった場合を除けば、いつでも成功していた。理解力のある人ならば、キリスト教がローマ帝国で絶滅させられる可能性のあったことは、疑いえないところである。キリスト教が広まり優勢になっていったのは、迫害が途切れ途切れで短期間しか続かず、合間の長い時期に、ほとんど妨害を受けずに布教ができたからである。

真理には、たんに真理であるということだけで、誤謬にはない本来的な力があり、地下牢や火刑柱に打ち勝つ、などというのは根拠のない感傷的な言葉でしかない。人々は誤謬に熱中することはあっても、真理にはさほど熱中しない。また、法的な刑罰や、あるいは社会的な刑罰でさえ、十分に用いれば、たいていは真理の普及も誤謬の普及も食い止めることができる。真理の本当の強みは別のところにある。つまり、ある意見が真理である場合は、一度や二度は根絶されても、あるいは何度となく根絶されても、時代を経ていく中で、たいていはその真理を再発見する人が出てくる。そうした再登場をくり返すうちに、恵まれた状況のおかげで迫害を免れ、それ以後の抑圧の企てすべてに耐え抜いていけるところまで前進する時期が到来するのである。

今では、新しい意見の提唱者を死刑にすることはないし、先祖たちが預言者を殺害したのとは異なり、預言者の墓まで建てているぐらいだ、という議論もあるだろう。たしかに、今では異端者が死刑になることはない。また、最も不快な意見に対してであっても、おそらく、それを根絶するには不十分な重さの刑罰しか、現代の人々の感情は許容しないだろう。しかし、法律による迫害を受けて汚名を着せられることはもうないのだ、などといい気になってはいられない。意見に対する法的刑罰、あるいは少なくとも意見の表明に対する法的刑罰は、依然として存在している。しかも、今日ですら実際の処罰は例外的なことではなく、そのため、そうした刑罰の力が今後、全面的に復活するということも、まったくありえない話ではない。

一八五七年には、コーンウォール州の夏季巡回裁判で、生活上のあらゆる面で行状に非の打ちどころがないと言われていた人が、キリスト教に関して何か侮蔑的な言葉を発し、家の出入り口にも書きつけたために、禁固二一ヵ月の刑を言いわたされる、という不運に見舞われた。* それから一ヵ月と経たないうちに、ロンドンの中央刑事裁判所では、二人の人物が、それぞれ別の裁判においてだが、陪審員への就任を拒否された。彼らは、自分は宗教的信仰を持っていないと正直に宣言したため、彼らのうちの一人は裁判官と弁護人の一人からひどい侮辱を受けた。** 三番目の例は、ある外国人で、同じ理由から盗難事件に関する告訴を却下された。***

*〔原注〕トマス・プーリー、ボドミン巡回裁判所、一八五七年七月三一日。その年の一二月、この人物に国王による特赦が与えられた。

**〔原注〕ジョージ・ジェイコブ・ホリヨーク、一八五七年八月一七日。エドワード・ト

ウルーラヴ、一八五七年七月。

＊＊＊〔原注〕バロン・ド・グライヘン、マールバラ街警察裁判所、一八五七年八月四日。

最後の例で〔法的な〕救済の拒否が生じたのは、神（どんな神でもよい）と来世への信仰を公言しない人には、法廷での証言を認めることはできない、という法理論のためである。こうした拒否は、当人を法廷による保護から排除される追放者だと宣告することに等しい。この人に対して盗みを働こうが暴行を加えようが、現場に居合わせたのが、この人や、この人と同じ意見の人だけだったら、犯人は処罰されない。それどころか、この人たちの証言に事実の証明がかかっている場合には、他の誰かに対する盗みや暴行も処罰されないことになる。この法理論の根拠になっているのは、来世を信じない人の宣誓には価値がないという想定だが、これは、この法理論に賛同する人々が歴史にかなり無知であることを示す主張である（なぜなら、どの時代でも宗教的信仰を持たない人々の大部分が、誠実さと名誉心の点で際立っていたことは、史実だからである）。また、美徳と学識の両面において世界中で最も名声の高かった人々は、多くの場合、少なくとも親しい人々のあいだでは、信仰を持っていないことがよく知られていたのであり、そのことにわずかでも考えがおよぶ人ならば、こんな主張はしないだろう。

さらに言えば、〔無神論者の証言は認めないという〕この規則は自滅的で、自らの根拠を切り崩してしまっている。この規則は、無神論者は嘘つきに違いないという口実によって、自分から進んで〔自分は無神論者ではないという〕嘘をつくような無神論者の証言は認める一方で、虚偽を肯定するよりも、嫌われている信条を、悪評を被るのをいとわず勇気をふるって公言する人だけを拒否している。〔法廷証言における真理性の確保という〕自ら明言している目的に関してですらこのような背理に陥っているのに、この規則が力を保っていられるのは、憎悪のしるし、迫害の名残としてだけである。しかも、この場合、迫害を被る条件に当てはまるのは、迫害に値しないことが明白な人物だという特異性を持った迫害なのである。

こうした規則と、そこに含意されている理論は、信仰を持たない人々ばかりでなく信仰を持つ人にとっても同じように侮辱的である。なぜなら、来世を信じない人が必然的に嘘つきであるとすると、来世を信じる人が嘘をつかないのは、地獄の恐怖のためである、ということになるからである(19)。この規則を制定した人々やそれを喧伝してまわる人々がキリスト教的な徳について示してきた見方は、その人たち自身の意識に由来しているなどと考えて、彼らを侮辱するつもりはないのだが。

　これらはたしかに、迫害の残滓でしかないし、迫害の願望を示しているというよりも、イギリス人に見られることが非常に多い精神上の欠点と考えてもよいだろう。つまり、本気で実行したいと思うほどのあくどさはもうないものの、あくどい原則を言い張ることに倒錯した喜びを感じる、という欠点である。しかし、かなりひどい形の法的迫害は過去一世代のあいだは止んでいるものの、この状態が今後も続く保証は、残念ながら社会全般の精神の現状には存在していない。現代では、新しい利益を取り入れようとする企てによってばかりではなく、過去の弊害を復活させようとする企てによっても、日常の穏やかな水面に波風の立つことが多い。現在、宗教の復活として誇らしげに語られているものは、つねに、狭隘で無教養な人々の場合は、どう控え目に言っても頑迷な信仰の復活である。イギリスの中流階級には、不寛容の強力な火種がいつでも存在している。そのような火種が国民の感情の中にあると、絶えず迫害の格好の標的と考えられてきた人々に対する激しい迫害が、ささいなきっかけで誘発される。* なぜそうなのか。自分たちが重要だと思っている信条を否定する人間に対して抱かれる意見や感情のためである。これで、イギリスは精神的自由の地ではなくなっているのである。

＊〔原注〕セポイの反乱[20]のときには、イギリスの国民性の最悪の部分が広く露呈され、それと入り交じりながら、迫害者の激情が大規模に吹き荒れたが、ここからは大きな警告が引き出せるだろう。狂信者やペテン師が説教壇から発しているたわごとならば、相手にしなくてもよい。しかし、福音派の指導者たちが、次のように公言しているのである。つまり、ヒンズー教徒やイスラム教徒を統治する原則として、聖書が教えられていない学校は公金で維持すべきではなく、また、その必然的帰結として、本当のキリスト教徒やキリスト教徒だと自称している者以外は誰も公職に就かせるべきではない、というのである。一八五七年一一月一二日に、選挙区民に向けた演説の中で、ある政務次官[21]は次のように述べたと伝えられている〔タイムズ、一八五七年一一月一四日版〕。「彼らの信仰」（イギリス臣民のうちの一億人の信仰）、つまり「彼らが宗教と呼んでいる迷信をイギリス政府が寛大に扱ったために、イギリスの名声が高まるのに水を差しキリスト教の有益な発展を妨げる、という結果が生じている。……寛容は、わが国の宗教的自由の偉大なる礎石である。しかし、寛容というこの貴重な言葉を彼らに濫用させてはならない。寛容が意味するのは、私の理解によれば、同一の土台に立って礼拝を行なうキリスト教徒たちのあいだで、すべての人が完全に自由であり、礼拝する自由がある、ということ

である。一人の仲保者〔イエス・キリスト〕を信仰するキリスト教徒全員が属している教派や教団に対する寛容、という意味である。」私が注意を喚起したい事実は、イギリス政府の要職に就くのにふさわしいと考えられてきた人物が、自由党内閣の下で、キリストの神性を信じない者は誰でも、寛容の範囲外だと主張している、ということである。このような愚かさの露呈を見せつけられた後で、いったい誰が、宗教的迫害は過ぎ去り二度と戻ってこない、といった幻想に耽ることができるだろうか。

これまでの長いあいだ、法的刑罰がもたらす打撃は、〔刑罰を受けたという事実によって〕社会的汚名を強めるところにあった。本当に効果があるのはそうした汚名である。イギリスでは、他の多くの国々だったら法的刑罰を受ける危険があるような意見を公言することよりも、社会が禁じている意見を公言することの方がはるかに少ない。社会的汚名の効果は、それほどまでに大きい。他人の厚意に頼らないですむ経済的境遇にある人は別として、それ以外のすべての人の場合は、こうした問題に関しては、世論は法律に劣らず効果的なのである。生計手段を奪われれば、投獄されたも同然である。当人の生計が確保されていて、権力を持っている個人や集団に気に入られたいとか社会全般に気に入られたいといった願望がなければ、どんな意見を公言しようと、何もおそれることはない。不快に思われたり悪く言われたりということはあるかもしれないが、そういうことを耐え抜くのに、特段の英雄的な性格は不要である。この場合には、こうした人々のために、同情に訴える議論はしなくてもよい。とはいえ、自分と異なる考えの人々に対して、われわれは以前の慣習が加えていたほどの害悪を加えることはないにせよ、彼らに対するわれわれの〔抑圧的な〕接し方のために、以前と同じように大きな損害を、われわれ自身の方が被っているかもしれないのである。(22)

ソクラテスは死に追いやられたが、しかし、ソクラテス哲学は空にある太陽のように上昇し、知的天空の全体に輝きを広げた。キリスト教徒たちはライオンの餌にされたが、しかし、キリスト教会は、枝葉を広げた堂々たる樹木に成長して、年老いて樹勢の衰えた木々の上に覆いかぶさり、光を遮ってそれらを枯らしてしまった。われわれの不寛容は社会的なものでしかなく、誰も殺さずどんな意見も根絶やしにしないものの、人々が意見を表に出さないように仕向けたり、意見を広める積極的努力を控えさせたりしてしまう。われわれの場合、異端の意見は、一〇年とか一世代とかの周期で、目に見えて優勢になったり劣勢になったりはしない。そうした意見は、遠方におよんで広範囲に燃え広がることはけっしてなく、その発生源の思索的で研究熱心な人々の狭い交流圏内でくすぶり続けるだけである。真の光によってであれ人を欺くような光によってであれ、人類全般にかかわる問題を浮かび上がらせることはない。このようにして、一部の人々にとっては非常に満足できる状態が保たれることになる。なぜなら、誰かを罰金刑に処したり投獄したりといった不快な手順を踏まなくても、すべての支配的な意見が表面上は乱されずに維持されるし、思想的な病気にかかって異論を唱えている人々が思考力を働かせることに対して全面的な禁止を命じなくても済むからである。知的世界に平和を保ち、そこでの一切を従来通りのままにしておくのに、好都合なやり方ではある。

しかし、このような知的静穏のために支払われる代償は、人間精神の道徳的な勇気をすべて犠牲にすることである。最も積極的で探究心旺盛な知性を持つ人たちが、自分の確信している一般的な原理や立場は胸の内にとどめ、社会に向けて発言するときには、内心では認めていない前提にできるだけ自分の結論を合わせるのが得策だと思うような状況である。これでは、以前は思想の世界に輝きを与えていたような知性、つまり、何事も包み隠さず恐れることのない性格や論理的で首尾一貫した知性の輩出は不可能である。この状況で見出せる種類の人間というのは、ありふれた議論に従うだけの人物か、その時々の都合に合わせて真理に対する態度を変えるような人物でしかない。あらゆる重要な論点に関して、こうした人物の行なう議論は、聞き手に迎合したものであり、自分自身で納得した上でのものではない。こんな選択はしたくないという人は、そのために、原理の領域にあえて立ち入らなくても論じることのできる物事、つまり、細々とした実際的な問題に、思考や関心をせばめることになる。しかし、細々とした実際的な問題というのは、人々の精神が強化され拡大された場合に限って、おのずと解決するのであって、それまでは十分に解決しない。ところが、最高レベルの問題に関して自由で大胆に思考するという、人々の精神を強化し拡大してくれるものが、放棄されてしまっているのである。

異端者の側のこうした沈黙が有害だとわからない人は、まずは、沈黙させた結果がどうなるか考えるべきである。沈黙させることで、異端的な意見に関する公平で徹底的な議論がなくなってしまう一方で、そうした公平で徹底的な議論があれば持ちこたえられない異端的な意見に関しては、普及は防止できても、消滅させることはできなくなるのである。

しかし、正統派の結論にたどり着かないあらゆる探究を禁止することで最悪の劣化がもたらされるのは、異端者の知性ではない。最も損ねられるのは、異端者以外の人々である。異端とされることへの恐れから、精神の発展が締めつけられ、理性がおじけづいてしまうのである。知性の向上は望めそうだが性格は臆病、というような多くの人々に関して、世界が失うものがどれほどのものかは測りがたい。こうした人々は、宗教に反しているとか不道徳とみなされる余地のあるものに引き込まれないようにするために、大胆で積極的で独立性のある思考の道筋を、あえてたどろうとはしない。彼らの中には、ときには、強い良心と鋭敏で洗練された理解力をそなえた人物が見られることもある。こうした人は、沈黙させることのできない知性をごまかしながら人生を送り、自分の良心と理性を正統的な意見と折り合わせようと工夫の限りをつくすのだが、おそらくは、結局のところ成功せずに終わってしまう。自分の知性がどんな結論を導き出すにせよ、自分の知性に従っていくのが、思想家としての第一の義務である。このことがわからない人は、偉大な思想家ではありえない。正しい意見であっても、自分自身で考えようとせず、そのため、ただ信奉しているだけの人の意見に比べれば、きちんと研究し準備した上で自分自身で考えた人の誤った意見の方が、真理に対する寄与は大きい。

思考の自由が必要なのは、偉大な思想家を作り出すためだけではないし、それが主要目的というわけでもない。むしろ、平均的な人間の知性が可能な限り向上していけるようにするためにも等しく必要なのであり、いっそう必要ですらある。知性の隷属が世間一般の雰囲気であっても、個人のレベルでは偉大な思想家は存在したし、今後も登場してくるだろう。しかし、そうした雰囲気の中では、前向きな知性を持つ国民は存在しなかったし、これからもそうだろう。ある国の国民が前向きな知性という性格に一時的にでも近づくことがあったとすれば、それは、異端的な思索に対する恐れが、しばらくのあいだ消えていたからである。原理について論争すべきでないという暗黙の合意があるところや、人々の関心をひきつけることのできる最も重要な問題に関して議論が決着済みであるように思われているところでは、歴史上のいくつかの時代をあれほど際立たせたような、水準の高い精神活動を社会全般に期待することはできない。情熱が燃え上がるような重大な問題をめぐる論争が回避されたときには、国民の知性が根底からかきたてられることはなかったし、ごくふつうの知性の持ち主であっても思考する人間の持つ尊厳へと多少なりとも高めてくれる、そういう衝撃的な力が与えられることもなかった。

宗教改革直後の時代のヨーロッパの状況には、そうした〔前向きの知性の〕一例があった。もう一つの例としては、大陸の教養階級に限られてはいたが、一八世紀後半の思想運動〔フランスの啓蒙主義など〕があった。第三の例としては、さらに短期間だったが、ゲーテとフィヒテの時代におけるドイツの知的な隆盛があった。これらの時代に展開されたそれぞれの意見は大きく異なっていたが、しかし、三つの時代はいずれも、権威による束縛が打破されていた点では共通していた。どの時代においても、古くからの精神的専制が一掃され、まだ、新しい精神的専制にとって代わられてもいなかった。これら三つの時代に与えられた衝撃的な力が、今日のヨーロッパを形作ってきた。人間の知性や制度の中にもたらされた改善は、どれ一つとっても、これらの時代のいずれかにはっきりと起源をたどることができる。昨今の様子からすると、これら三つの衝撃的な力はほぼ使い尽くされているようである。だから、われわれが再び、自分たちの精神的自由を主張するまでは、新たな出発は期待できない。

さて次に、第二の議論の系列に移ろう。受け容れられている意見が誤っているかもしれないという〔第一の議論の系列の〕想定を離れて、受け容れられている意見が真理であると想定してみよう。そして、真理かどうかの議論が自由な形で率直に行なわれていない場合に、その意見に対してとられがちな姿勢が、どんな価値を持っているかを検討してみよう。強固な意見を持っている人にとって、自分の意見が誤っている可能性を認めるのがどれほど気の進まないことであるにしても、次のような考えには心を動かされるはずである。つまり、自分の意見がどれほど真理をとらえていても、十分に、頻繁に、また忌憚なく議論されていなければ、その意見は、生き生きとした真理としてではなく、死んだドグマとして信奉されてしまうだろう、ということである。

意見の根拠について何も知らず、浅薄この上ない反論に対してさえ筋の通った擁護論で張り合えない人でも、真理だと思うものに疑問を持たずに賛同していればそれで十分だ、と考える人々いる(幸い、以前ほど多くはないが)。こういう人々が自然に行き着く考えでは、権威ある立場からいったん信条を与えてもらえればそれでよいのであって、信条について疑問を持つことを許しても利益はなく、むしろ有害だ、ということになる。こう考える人々の影響が支配的になってしまうと、世間に広く受け容れられている意見を深く慎重に考えた上で拒否する、ということはほぼ不可能になる。とはいえ、軽率に何もわからないまま拒否する、ということは依然としてありうるだろう。なぜなら、議論の完全な封じ込めはめったにできることではなく、また、確信にもとづいていない信条は、ほんのわずかばかり議論めいたものを向けられるだけで論破されがちだからである。このような〔論破の〕可能性を否定して、真理である意見が心の中に定着するのは、先入見としてであり、つまり、論証にも反証にも無関係な信念としてなのだと想定しても、これは理性的な人間が真理を心の中に保持していく仕方ではない。これでは、真理を知っていることにはならない。こういう真理の保持の仕方では、字面の上では真理を表わしている言葉にたまたま執着しているだけの、もう一つのたんなる迷信になってしまう。

人々の知性と判断力を育成すべきだというのであれば、何がこれらの能力を最も適切に鍛錬してくれるのだろうか。それは、自分自身に大いにかかわっているため意見を持つ必要があると考えられる問題以外にありえない。このことは、プロテスタントであれば、少なくとも否定したりしない。理解力の育成において何よりも欠かせないと言って間違いないのは、自分自身の意見の根拠を学ぶことである。適切な形で信じることが第一義的に重要な問題については、人々は何を信じるにせよ、少なくとも一般的な反対論に対して自説を擁護できるようになっているべきである。

しかし、次のような議論もあるだろう。「人々は自分たちの意見の根拠を教えてもらえれば、それでよいのではないか。ある意見に対してこれまで反論がなかったからといって、その意見はオウム返しに語られているものでしかないはずだ、とは言えない。幾何学を学んでいる人たちは、定理をただ暗記しているのではなく、証明も同じように理解し学んでいる。だから、幾何学上の真理について否定されたり反証が試みられたりしているのを彼らが耳にしたことがないという理由で、彼らは真理の根拠について無知なままだ、などと言い張るのは馬鹿げているだろう。」

たしかにその通りである。数学のような問題では、そうした教え方で十分である。この場合は、不正解の側で主張できることはまったく何もない。数学的真理の証明が持つ特異性は、あらゆる論証が一方の側に味方するところにある。反論の余地はないし、反論に対する再反論もない。

ところが、意見の相違がありうるテーマでは、どの場合でも、真理かどうかは対立する二組の理由のあいだでの優劣で決まる。自然科学の場合でさえ、つねに、同一の事実について何か別の説明が可能である。地動説の代わりに天動説があったり、〔物体の燃焼の説明として〕酸素説の代わりに燃素説があったりする。だから、相手の理論がなぜ真理でありえないのかを示さなければならない。その点が示され、さらに、どうすれば示されるのかがわかるまでは、われわれは自分の意見の根拠を理解したことにならないのである。

他方、道徳や宗教、政治や社会関係、それに生活上の問題といった、非常に複雑な主題となると、論争されている意見に賛同する議論のうち四分の三は、自説とは異なる意見に好都合に見えるものを潰してまわることで成り立っている。古代の弁論家たちの中では一人〔デモステネス[23]〕を別格とすれば最高の弁論家だった人〔キケロ[24]〕は、いつも論敵の主張を、自分自身の主張の場合をはるかに超えるほどではないにしても、同じぐらいには熱心に研究した、という記録が残っている。法廷弁論で成功をおさめるためにキケロが実行したことは、どんな研究テーマであれ、真理探求に携わるすべての人が見習うべきである。

ある問題について、自分の側の見方しか知らない人は、その問題をほとんど理解していない。その人の根拠は適切で、それについては誰も反駁できないこともあるだろう。しかし、その人が同じように、反対説の側の根拠に対して反駁できないのであれば、つまり、反対説の根拠についてそこまで十分に理解していないのであれば、その人はどちらの側の意見を選ぶかの根拠を持っていないことになる。こういう人にとっての合理的な態度は、判断を停止することだろう。それで満足しておかないと、権威に引き回されるか、あるいは、世間一般の人々と同様に、自分がいちばん好感を持てる側につくことになってしまう。

さらに言うと、自分の教師から論敵の議論を聞かされ、論敵の議論に対する教師の反論も合わせて聞かされる、というのでは不十分である。それでは、論敵の議論の公平な扱い方にはならないし、自分自身の知性と論敵の議論とが本当にぶつかり合うことにもならない。論敵の議論は、その主張を本気で信じていて熱心に擁護しそのために最善を尽くす人から、聞くことができなければならない。なるほどといちばん思える説得的な形で、その議論を知る必要がある。当の問題に関する正しい見解ならば、難問に直面しそれを片付けざるをえないのであり、そういう難問の手強さを、まるごと実感すべきである。そうでなければ、真理のうちで、困難に立ち向かいそれを解消している部分を、本当に自分のものにすることはないだろう。教育があると言われている人々の一〇〇人のうち九九人は、この状態〔真理を自分のものにしていない状態〕にある。自分の意見を流暢に述べることができる人々でも同じである。こうした人々の場合、結論は正しいこともあるだろうが、もしかすると間違っているということもありうる。彼らは、自分とは異なった考え方をする人の心の状態に自分を置いてみたことはないし、そうした人がどうしても言いたかったこともあっただろうが、そこを考えてみたこともない。だから、彼らは自分が公言している主張を、理解という言葉の正しい意味で言えば、理解していないのである。彼らは、自分の主張の中で説明や正当化を担っている部分を理解していない。ある事実と別の事実とが矛盾しているように見えても、両立可能であることを示す考察や、有力に見える二つの理由のうち、一方を採用すべきであることを示す考察を理解していない。真理を成り立たせているすべての部分のうち、議論の成否を左右し、問題に完全に精通している人の判断を決定している部分が、わかっていないのである。その部分が本当にわかるのは、いずれの側の主張に対しても等しく公平に注意を払い、最強の光を当てて双方の理由を理解しようと努力する人々だけである。こういう修錬は、道徳や人間にかかわる問題を本当に理解するのに絶対に欠くことができない。だから、重要な真理の場合はすべて、論敵がいないときは、論敵を思い浮かべた上で、最も熟達した悪魔の代弁者が呼び出すことのできる最強の議論をその論敵に与えることが、必要不可欠となる。

自由な討論に反対する人々は、こうした考察の説得力をそぐために、次のような主張をしそうである。一般の人々の場合には、自分たちの意見に対して哲学者や神学者が主張できる反対論や賛成論を知り尽くし理解し尽くしている必要はない。ふつうの人は、巧妙な反対者の偽りや誤りのすべてを暴露できなくてもよい。反対者の議論に応答できる誰かがいつもいて、教育のない人々を誤らせるものが残らず反駁されていれば、それで十分である。教育のない人は、自分たちに教え説かれた真理に関しては、一目瞭然の根拠が教えられていれば、あとは権威者に任せてよい。また、取り上げられる可能性のある難問をすべて解決する知識も能力も自分たちにないことを自覚した上で、これまで取り上げられてきた難問はどれも、それらに対処する仕事のために特別に訓練された人々が応答してきたし、今後も応答できると心安らかに確信してよいのだ、というわけである。

このような問題の見方に譲歩して、真理を信じるのならこの程度の理解でよいと、ごく簡単に納得してしまう人々が、この見方に関して主張できるすべてを認めてみよう。たとえそうしても、自由な討論を支持する議論は、まったく弱まらない。なぜなら、今取り上げている主張にしたところで、あらゆる反対論に対して納得できる応答があった、という合理的確信が人々に必要なことは認めているからである。しかし、応答の必要な問題点が、〔そもそも反対論の側から〕声に出して語られていなければ、どうやって応答が出せるのか。さらに、〔反対論の側に〕その応答にも納得できないことを示す機会がなければ、その応答が納得できるものであるということも、わかりようがないだろう。一般の人はともかくとしても、少なくとも難問を解決すべき哲学者や神学者は、極めつきの難問に精通していなければならない。これが実現可能になるのは、難問が自由に論じられ、最大限の効力を持つ光がその難問を照らし出している場合だけである。

カトリック教会には、この厄介な問題について独自の対処法がある。つまり、教会の教理に関して、〔自ら〕納得した上で受け容れることを認めてもらえる人々と、〔教会を〕信頼して受け容れなければならない人々とを、はっきりと分けるのである。もちろん、何を受け容れるのかを選ぶことは、どちらの側にも許されていない。しかし、聖職者は、少なくとも十分に信頼できる場合は、反対者への応答のために反対者の議論について知ることは許されているし、推奨されてもいる。したがって、異端の書も読んでよいことになっている。一般の信徒の場合には、こういうことは、特別な許可のない限りできない。この規律は、論敵の主張に関する知識が聖職者には有益であることを認めているが、しかし、これと両立する形で、他の人々にはそうした知識を与えないでおく手段になっている。このようにして、精神的な自由に関しては、一般大衆と同じ程度しかエリートにも許さない一方で、精神的な陶冶に関しては、一般大衆に許している以上のものをエリートに与えているのである。この方策によって、カトリック教会は、教会の目的にとって必要な類いの精神的優越の獲得に成功している。自由のともなわない陶冶は、幅広くのびのびとした精神を生み出すことはけっしてないとしても、教義をこざかしく擁護する人間を作ることはできるからである。

しかし、プロテスタント信仰を採用している国々では、この便法は使えない。なぜなら、プロテスタントの考えでは、少なくとも理論上は、宗教の選択に関する責任は各人が自分自身で負わねばならず、聖職者に責任を転嫁できないからである。しかも、今の世の中で、教育のある人が読んでいる書物を教育のない人から遠ざけておくのは、実際のところ不可能である。もし、人々を教え導く立場にある人が、その立場にある以上は知っておかなければならないすべてに精通しているべきだとしたら、どんなことでも束縛なしで自由に書き出版できるようになっていなければならない。

とはいえ、もし、受け容れられている意見が真理でありながら自由な討論が行なわれていない場合にもたらされる弊害が、意見の根拠について人々を無知なままにしておくことだけに限られているのであれば、これは、知的な弊害であっても道徳的な弊害ではなく、人々の性格に与える影響という観点から見れば、その意見の価値を損ねるものではない、という考え方もあるだろう。しかし、実際のところ、討論が行なわれていないときに頻繁に起こるのは、意見の根拠ばかりでなく意見の意味そのものまで忘れ去られてしまう、ということである。意見を伝える言葉が思想を伝えなくなってしまい、あるいは、もともとその言葉を使って伝えようとしていた思想のうち、ほんの一部分しか伝えなくなってしまうのである。鮮明な概念や生き生きとした確信の代わりに、機械的に暗記されたわずかばかりの言葉だけが残る。あるいは、意味が多少残ったとしても、表面の殻や外皮だけであり、肝心なところは失われている。これは人間の歴史の重要な局面でふんだんに見られる事実であり、その局面をどれほど熱心に研究し熟考しても、しすぎるということはない。

この事実は、ほとんどすべての倫理的教義や宗教的信条の経験の中で示されている。それらは、創始者たちやその直弟子たちにとっては意味と活力に満ちあふれている。

自分たちの教義や信条を他のものに対して優位に立たせる闘いが続くあいだは、それらの意味の力強さが弱まることはなく、おそらくは十分すぎるほどにまで意識される。やがて優位に立ち、社会全般の意見にまでなるか、あるいは前進が停止すると、すでに獲得している支配地は確保されるものの、それ以上は拡大しなくなる。社会全般の意見になるか前進が停止するか、いずれかの結果が明らかになると、当の主張をめぐる論争は勢いを失い、徐々に消滅していく。

当の主張はすでに、一定の地位を得ている。つまり、広く受け容れられた意見とまでは言えないにしても、さまざまな宗派や集団の意見の一つとして認められている。だから、たいていの場合、信奉者は、信奉している主張を誰かから引き継いでいる。自分で選び取り、別の主張からその主張に乗り換えたわけではない。そういうことは、今となっては、信奉者たちには思いもよらない例外的事実なのである。最初は、絶えず油断することなく世の中に対して自説を擁護しようとし、あるいは、世の中に自説を広めようとしていたのだが、やがて、教えに黙って従うだけになってしまう。自分たちの信条に反対する議論があっても、できれば耳を傾けることを避け、自分の信条を擁護して反対者(反対者がいるとしてのことだが)を困らせることもなくなる。ふつうはこの時点で、この主張の活力が衰退し始めると見てよいだろう。

真理が感情の中に浸透し、行為を本当に支配するようになるためには、信奉者たちが形式的にしか理解していない真理について、生き生きとした理解を信奉者の心の中で支え続ける必要がある。その難しさを、どの信条にせよ教え説く立場にある人々が嘆いているのは、よく耳にするところである。その信条の存続をかけてまだ闘っているあいだは、そうした難しさが嘆かれることはない。こういうときには、闘っている人物が多少弱々しくても、自分が何に味方して闘っているのか、自他の主張の違いが何かは、理解され実感されている。また、どのような信条の場合でも、この時期に少なからず見出されるのはどんな人々かと言えば、自分たちの根本原理をあらゆる思考方法を使って理解し、あらゆる重要な見地からその根本原理を評価し検討している人々である。こういう人々は、さらに、自分たちの主張を信じていれば、その主張に完全に感化されている人の性格に対して当然もたらされるような、そうした影響の全体も経験している。

しかし、引き継がれるだけの信条になり、受け容れ方が能動的ではなく受動的になってしまい、その信条が提起している問題点について、最初の頃と同じぐらいに命懸けの力を駆使するよう精神が強いられなくなると、型どおりのもの以外はすべて忘れてしまう傾向が徐々に出てくる。あるいは、信条を自覚的に理解したり自分自身の経験で検証したりする手間を省いて、鵜呑みに信じるかのように、生気や感動のともなわない同意を信条に与える傾向が徐々に出てくる。そして最終的に、その信条は、人間の内面生活との接点をほとんどすべて失ってしまうのである。こうなると、現代では頻繁に生じていてほぼ大勢を占めるほどになっている事態が見られるようになる。つまり、信条が言わば精神の外側にとどまり続けるようになり、人間本性の高尚な部分に向かってくる他のどんな影響も受けないように、精神を殻で覆って石のように硬くしてしまう、という事態である。新鮮で力強い確信を注ぎ込むことで信条の威力を示す、ということはなくなる。その威力は、知性や感情が空虚であり続けるよう見張ること以外に何もしないことで示されるようになってしまう。

精神に対して最も深い印象を与えるのに本来は適している教義が、想像力や感情や知性に本来の姿を表わさないまま、どこまで死んだ信条でいられるのかを示す例は、キリスト教の教義に対する大方の信者の信奉の仕方に見られる。私がここでキリスト教という言葉で意味しているのは、あらゆる教会や教派がキリスト教とみなしているもの、つまり、新約聖書に含まれている格言や教訓である。これらは、キリスト教の信仰を告白しているすべての人によって、神聖なものとみなされ掟として受け容れられている。とはいえ、そうした掟に照らして自分の個人的行為を導いたり吟味したりするキリスト教徒は一〇〇〇人に一人もいない、と言ってもほとんど過言ではない。キリスト教徒が自分の行動の基準として念頭に置いているのは、自分の国や自分の階級、あるいは自分が属する教派の慣習である。

このように、一方では、ひとまとまりの倫理的格言集があり、それは自分を律する規則として、無謬の英知〔神〕から授かったものだと考えられている。他方で、日常的な判断や慣行の一群があって、それらは、宗教的格言の一部と整合するものもあるが、整合しないものもかなりあって、真正面から対立してしまう場合もあり、全体としては、キリスト教の信条と世俗生活にかかわる損得や注意事項とのあいだで妥協したものになっている。これら二つの基準のうち、前者に敬意は示されるものの、忠誠の本当の対象は後者である。

キリスト教徒は誰でも、次のように信じている。神が祝福するのは、貧しく卑しい人々や世間からしいたげられている人々である。富者が天国に入ることよりも、ラクダが針の穴を通ることの方が容易である。自分が裁かれないためには、他人を裁いてはならない。けっして誓ってはならない。自分自身を愛するように隣人を愛さなければならない。外套を奪う者には、上着も与えるべきである。明日を思い煩ってはならない。完徳を望むのであれば、自分が持っているものをすべて売り払い、貧者に与えるべきである。こうしたことを信じていると言うとき、キリスト教徒は嘘をついているわけではない。

キリスト教徒は、たしかにこうしたことを信じている。ただし、その信じ方は、いつも賞賛されるばかりで議論されるのは聞いたことがない物事を人々が信じる場合と同じである。教えを信じているといっても、行為を規律する生き生きとした信条という意味でどうかと言えば、その信じ方は、世間並みに教えにもとづいて行動している、といった程度のものでしかない。これらの教えは、文字通りその意味のままでも、論敵に投げつけるときには役に立ってくれる。また、人々が何であれ賞賛に値すると考える物事を行なうときには、その理由としてこれらの教えを（提示できるのであれば）提示すべきだ、と考えられてもいる。とはいえ、こういった格言は、人々がけっしてしようとは思わないことを無数に要求している。その点を想い出させるような人は、他の人にまさる善人というふりをして非常に嫌われる、といった人柄に分類されるのが関の山だろう。これらの教えは一般の信徒たちの気持ちをつかんでおらず、彼らの心の中の力になっていないのである。信徒たちは、教えの言葉としての響きには、敬意を払うのが習慣になっている。しかし、その言葉から言葉が意味しているものへと広がっていって、その言葉を否応なしに心に注ぎ込み、自分たちを教えに従わせるような感情に欠けている。彼らは、行為が問題になると、自分がどうするかを決めるために周囲を見回して、A氏やB氏がどこまでキリストに従っているかをうかがうのである。

ところで、初期のキリスト教徒たちの場合は、これとまったく異なっていたことは、間違いないと考えてよいだろう。もし今の有様だったら、キリスト教は、見下《みくだ》されていたヘブライ人たちの目立たない教派から、ローマ帝国の宗教にまで発展することはなかっただろう。キリスト教に敵対する人々が、「見よ、キリスト教徒たちがどれほどたがいに愛し合うかを[25]」と言ったとき(今では誰も言いそうにない言葉である)、キリスト教徒たちは間違いなく、自分の信条の意味を鮮烈に感じ取っていた。それほどの鮮烈さは、それ以後にはけっして見られない。このことがおそらくは主な原因となって、今ではキリスト教の支配圏はほとんど拡大せず、一九世紀になっても、ヨーロッパ人とその子孫たちの範囲にほぼとどまっている。厳格な宗教心を持つ人々は、自分の教義に対して非常に熱心で、教義に対して一般の人々よりもはるかに多くの意味を認めていた。しかし、彼らの場合にしても、一般の人々以上に活発な部分を心の中に形作ったのは、〔キリストの言葉ではなく〕カルヴァンやノックスであり[26]、あるいは、性格的に自分たち自身に非常に近かった人〔厳格な宗教心を持った人〕である。キリストによる諸々の救いの言葉は、人々の心の中では、何かに働きかけることもないまま横並びしている。あのように優しく穏やかな言葉を聞くだけで生じてくる効果はあるとしても、それ以上には何の効果も生み出していない。教派の旗印である教義となると、世間で広く認められているあらゆる教派に共通する教義に比べて、いっそう多くの活力を持っている。そのような教義の意味を生き生きとしたものに保つために、いっそう多くの努力が費やされている。なぜだろうか。これには、たしかに多くの理由がある。しかし、その一つとして間違いなく言えるのは、教派に特有の教義にはより多くの疑問がぶつけられ、公然と反対する人々を前にしていっそう頻繁に弁護しなければならなくなっている、ということである。教え説く側も学ぶ側も、戦いの場に敵がいなくなると、それぞれの持ち場で眠り込んでしまうのである。

同じことは、一般的に言って、あらゆる伝統的な教えにも当てはまる。道徳や宗教の教えばかりでなく、思慮分別や生活の知恵の教えについてもである。どの言語でも、またどんな文学作品にも、人生とは何か、人生においてどう行為するかといった、人生に関する一般的考察が豊富に盛り込まれている。そうした考察は、誰もが知っていて、誰もが繰り返し述べたり耳を傾けたりしていて、わかりきったことのように受け取られている。しかし、大方の人々が初めてその意味を本当に学ぶのは、経験によって、しかもたいていは苦痛のともなった経験によって、その考察で言われていたことが現実となったときである。予期せぬ何らかの不運や失望で傷心しているとき、これまでの自分の人生の中でずっと馴染んでいた格言やことわざを思い出すのは、実によくある話である。今でこそ実感しているその意味をもっと前に知っていたら、災難にあわずに済んだことだろう。こうなる理由は、たしかに、討論が存在しないこと以外にもある。自分自身の経験を通してつくづく実感するまでは、意味の全体までは理解できない真理は数多くある。とはいえ、そうした意味を理解している人々による賛否の議論を聞くことに馴染んでいたら、その意味についてははるかに多くのことが理解できただろうし、理解できたことが心の中ではるかに深く印象づけられただろう。もはや疑わしいと思われなくなっている物事については考えなくなってしまうという、人間の致命的な傾向は、人間が犯す誤謬のうちの半分を生じさせている原因である。現代の著作家の一人は、「決着のついた意見の深い眠り(27)」について論じているが、まさにそのとおりである。

どういうことなのだ、意見の不一致が、真理を知るための必須条件だというのか(と問いただす人もいるだろう)。誰もが真理を理解できるようになるためには、一部の人々が誤りにとどまり続ける必要があるというのか。信条は広く受け容れられると、すぐに実質や活力を失ってしまうのか。提示されている議論は、なにがしかの疑念が残らなければ、完全に理解されたことにはならないのか。真理は、人類が全員一致で受け容れたとたんに、人類の心の中から消え去ってしまうのか。向上を遂げた知性の最高にして最善の成果は、従来考えられてきたところでは、あらゆる重要な真理を承認するという点で人類がますます一致することである。それなのに、この目標が達成されない限りでしか知性は存続しない、ということになるのか。征服の成果は、勝利の達成そのものによって消滅する、ということなのか。

私は、そういうことを主張しているのではない。人類の向上が進むにつれて、論争や疑問の的とならなくなる教義の数は、つねに増えていくだろう。また、人類の幸福は、反論がなくなった地点にまで到達している真理の数と重さで測っても、まず問題はないだろう。深刻な論争が次々と終わっていくことは、意見がしっかりと確立していくときには必ず付随する現象の一つである。意見がしっかりと固まることは、その意見が誤っているときは危険で有害であるとしても、正しい意見の場合には有益である。意見の多様性の幅がこのように徐々に狭まっていくのは、不可避的で必要不可欠でもあり、その両方の意味でやむをえないことである。しかし、だからといって、そうした結果はつねに有益なはずだ、という結論になるわけではない。論敵に対して真理を説明したり擁護したりする必要性は、その真理を知的に生き生きと理解することにとって非常に重要な助けとなる。それが失われると、真理が普遍的に認められるという利益は、まったく帳消しになるわけではないにせよ、少なからず減少してしまう。この利点がもはやありえない場合には、あえて言えば、代わりとなるものを提供するよう、人々を教える立場の人たちに努めてもらいたい。あたかも熱心な反対論者がこちらの考えを変えさせようとして当の問題の中にある難点を突きつけているかのように、そうした難点を教師が学ぶ側に実感させる何らかの工夫が欲しいところである。しかし、教師たちは、こうした目的のための工夫を探究するどころか、以前に持っていた工夫すら失ってしまっている。プラトンの対話篇の中であれほど見事な例が示されているソクラテスの対話術は、この種の工夫だった。この対話術は、哲学や人生の上での重要問題について、否定的議論をぶつけることを主旨としていた。その狙いは、世間で受け容れられている意見の決まり文句を口にしているだけの人に対して、自分は問題を理解していないこと、自分が公言している主張に明確な意味を持たせていないことを、熟達した技量を駆使しながら納得させることにあった。そうすることによって、本人が自分の無知を自覚した上で、主張の意味と根拠のいずれについても明瞭に理解し、それにもとづいてしっかりとした確信に到達できる道筋へと導こうとしたのである。中世スコラ派の討論演習の目的も、これと多少似たものだった。この討論演習が意図していたのは、学習者が確実に、自分自身の意見と(対比の必要性のために)それに対する反対意見とを理解し、自分の意見の根拠を強化しつつ反対意見に論駁できるようにする、ということだった。この討論の仕方には、是正しようのない欠陥が含まれていたことはたしかである。つまり、議論を支える前提が、理性からではなく権威〔教会の教理や教条化したアリストテレス哲学〕から受け取られていた、という欠陥である。また、知性の鍛錬としても、「ソクラテス派の人々」〔キケロ書簡集の中の言葉〕の知性を作り上げた力強い対話術に比べて、あらゆる点で劣っていた。とはいえ、現代の世界は、大方が自ら進んで認めているよりもはるかに多くのものを、ソクラテスとスコラ派の双方に負っている。しかも、現在の教育方法は、これらのいずれかにごくわずかでも取って代わるようなものを、何もそなえていないのである。学んだことはすべて教師や書物から、という人は、詰め込み勉強で満足していたいという気持ちをたとえ免れていたとしても、対立する意見の双方に耳を傾けることを強いられていない。こういうわけで、思想家たちの場合ですら、対立する立場の両方を知るところまでには、めったに行き着かない。だから、誰であれ自分の意見を擁護しようと議論している中で最も脆弱な部分は、論敵に対して反論しようとしている部分、ということになる。

否定をこととする論理、つまり、積極的な真理を打ち立てはしないまま、理論上の弱点や実践上の誤りを指摘する論理のことだが、これを軽蔑することが今どきの流行になっている。たしかに、否定するための批判は、そういうことが最終の到達点だとすれば、かなり貧弱である。しかし、何であれ積極的な知識や信念と呼ぶに値するものを達成するための手段として見れば、どんなに高く評価してもしすぎることはない。この手段に関して、人々が系統立った訓練を再び受けるようにならない限り、偉大な思想家はほとんど現われないだろうし、数学や物理学といった理論の分野を別とすれば、どの分野でも知性の全般的な平均は低いままだろう。数学や物理学以外であればどの分野でも、論敵との活発な論争を行なうのに必要な知性上の段取り〔自他の主張やその根拠を批判的に理解すること〕を他人から強いられたり、自ら貫き通したりということがない限り、誰の意見であっても知識の名には値しない。そうした段取りがそなわっていなければ、作り出すことが必要不可欠だが、それは非常に困難である。だとすれば、自然発生的に出てくるものがあるのに、それを利用しないのは愚の骨頂だろう。受け容れられている意見に反論をぶつけてくる人や、法律や世論が許すなら反論したいと思っている人がいるのであれば、そのことを彼らに感謝し、心を開いて彼らの言うことに耳を傾けようではないか。自分たちの信念の確実性や活力を大事だと思うのであれば、自分たちでやろうとすれば大いに苦労しなければならないことを、誰かが代わりにやってくれるのを歓迎しようではないか。

まだ、意見の多様性を有益なものとしている理由の一つについて、議論が残っている。この理由によって、意見の多様性は、現時点では予測できないほど遠い将来にある知性の発展段階に人類が到達するまで有益であり続けるだろう。ここまでわれわれは、二つの可能性だけを考察してきた。一つは、受け容れられている意見が誤っているかもしれず、したがって、別の意見が真理であるかもしれない場合である。もう一つは、受け容れられている意見が真理ではあるものの、その真理を明瞭に理解し深く感じとるためには、対立している誤謬との対決が必要不可欠な場合である。しかし、これらのいずれよりも、もっとありがちなケースがある。つまり、対立する主張のうちの一方が正しく他方は間違っているというのではなく、いずれもが真理の一部を含んでいる、というケースである。こういう場合は、広く受け容れられている主張の方も真理の一部しか含んでいないので、真理の残りの部分を補なうために反対意見が必要となる。

感覚ではっきりわからないような問題に関してであっても、世間一般の意見が正しいことも往々にしてある。とはいえ、真理の全体をカバーしていることはめったにないし、まったくカバーできていないこともある。こうした意見は、真理の一部分であって、大きな部分であることもあれば小さな部分でしかない場合もあるが、ともかく、誇張され歪められていて、この真理の部分と肩を並べそれに制約を加えるべき諸々の真理から切り離されてしまっている。他方、異端的な意見の方は、概して、抑圧され無視されている真理のうちのどれかであり、それが自分に加えられている束縛を打ち破って出てくる。こういう真理は、世間一般の意見に含まれている真理と横並びで認められることを求めるか、あるいは、一般的な意見を敵とみなして対決しながら、同じように排他的な形で自らを真理全体だと言い張る。従来は、後者〔排他的自己主張〕が非常に多かった。人間の知性は、いつでも一面的であるのが通例で、多面的であるのは例外だからである。そのため、意見に革命が起きている場合ですら、真理のうちのある部分が登場すると、別の部分は退場してしまうのがふつうである。以前からの真理に新たな真理が加わることであるはずの進歩ですら、ほとんどの場合は、部分的で不完全な真理が、別の部分的で不完全な真理に入れ替わることにしかなっていない。向上したと言っても、たいていは、真理の新しい断片によって退場させられる真理の断片に比べると、新しい断片の方は、需要が多くて時代の必要に適合している、ということでしかない。

支配的な意見は、正しい根拠にもとづいている場合でさえ、このようにいずれかの部分に偏った性格がある。したがって、世間一般の意見が脱落させている真理の部分をいくらかでも含んでいる意見は、誤りや混乱がその真理にどれほど混じり合っていても、貴重と考えるべきである。何もなければ見落としてしまう真理について、われわれに注目を強いている人々が、われわれには見えている真理のうちの何かを見落としているからといって、人間生活にかかわる諸問題について冷静に判断する人であれば、憤りを感じたりはしないだろう。そういう人であれば、むしろ、世間一般の真理が一面的である限り、世間受けしない真理が同じように一面的に主張されても、そういう主張がないよりは望ましいと考えるだろう。一面的な主張をする人は非常に精力的なのがふつうであり、部分的な知見を全体であるかのように言い張っているにせよ、なかなか反応しない世間一般の注意をその部分へと無理矢理にでも向けさせることに関しては、いちばん見込みのある人物なのである。

一八世紀に、そういう例があった。当時は、教養ある人のほとんどすべてと、彼らに導かれた無教育な人々すべてが、いわゆる文明なるものや、近代の科学、文学、哲学を賛美するのに夢中になっていた。そして、近代人と古代人との違いを過大評価しながら、そうした違いのあらゆる点で自分たちは優位にあるという考えに耽溺していた。その中心部で、ルソーの逆説的議論が、非常に有益な衝撃を与えながら、爆弾のように炸裂して、このような一面的議論の固い岩塊を打ち砕き、それを構成していた諸要素を、他の材料も加えながらもっと適切な形で再編成せざるをえないように仕向けたのである。当時流布していた意見が、全体として、ルソーの意見よりも真理から離れていたわけではなかった。むしろ、真理により近く、より多くの積極的真理を含んでいたし、誤りもはるかに少なかった。それにもかかわらず、ルソーの主張には、世間一般の意見に欠けていた真理がかなり含まれていた。その主張は真理を含んだまま、世評という川を流れ下っていった。そして、真理の方は、氾濫後の堆積物のように残ったのである。素朴な生活がすぐれた価値を持ち、人為的社会の束縛や偽善は人々をひ弱にし道徳的な堕落をもたらす、という思想は、ルソーの著書〔『学問芸術論』一七五〇年刊〕以後は、教養ある人々の頭から完全に姿を消してしまうことはなかった。この思想は、現時点では、これまでと同様に強く主張される必要があるし、この問題に関しては言葉はすでに力をほとんど使い果たしてしまっているので、行為によって強く主張される必要があるとはいえ、いずれはこの思想にふさわしい本当の成果を生み出すことになるだろう(28)。

さらに、政治においても、秩序や安定の党と、進歩や改革の党は、いずれも、政治生活の健全な状態にとって必要不可欠な要素であるというのは、ほぼ常識になっている。どちらかの党が、秩序と進歩の両方をともにめざす党になって思想の幅を大いに広げ、保存するのにふさわしいものと一掃すべきものとを認識し区別できるようにならない限りは、両方が必要である。これらの思考様式のそれぞれに効用があるのは、競争相手の思考様式に欠陥があるためである。しかし、欠陥がありながらも、双方が理性と穏健さの限度内にとどまっているのは、相手方の反対があることによるところが大きい。民主政と貴族政、財産と平等、協力と競争、奢侈と禁欲、社会性と個人尊重、自由と規律、その他、実生活につねにある諸々の対立する立場のそれぞれを支持する意見が、等しく自由に表明され、同等の能力と活力をともなって力強く主張され擁護されなければ、双方のそれぞれの要素が受けて当然の評価を得る可能性はない。一方の評価が上がって、他方の評価が下がってしまうのは確実である。実生活における大きな問題の場合、真理は、かなりの程度、対立しているものをどのように和解させ結びつけるかの問題である。そのため、正確なバランスに近づくための調整が必要だが、それを行なうのに十分な能力と公平さをそなえた人はほとんどいない。そこで、調整は、敵対する旗印の下にある闘士たちが闘い合うという、手荒な方法で行なわなければならなくなるのである。

右に列挙した未解決の重要問題のいずれの場合であっても、対立する意見のうちどちらが、寛容という点ばかりでなく、奨励され援助を受けるという点でも優遇されるべきかといえば、それは特定の時と場所において、たまたま少数派の立場に置かれている方の意見である。少数派の意見が、今の時点でおろそかにされている利益、つまり、幸福が本来の持ち分を下回る危険にある側の人々を代表しているからである。イギリスでは、先ほど示した論点〔民主政と貴族政、財産と平等、等々〕の大半に関しては、自説と異なる意見への不寛容が存在していないことは、私も承知している。これらの論点を引き合いに出し、寛容が認められている多くの事例で私が示そうとしているのは、人間の知性の現状では、意見の多様性を通じてしか真理のあらゆる側面が公平に扱われる可能性はない、という事実の普遍性である。ある問題について世間が一致した意見を持っているように見えるのに、その例外となっている人々がいるとしよう。そういうときはいつでも、たとえ世間の側が正しくても、おそらくは、反対意見を持つ人々の語ることには耳を傾ける価値のある何かがあり、彼らが沈黙すれば、真理から何かが失われるのである。

　次のような反論もあるだろう。「しかし、受け容れられている原理のうちのあるもの、とりわけ最高レベルの最も重要な問題に関する原理は、半真理《ハーフ・トゥルース》どころではない重大な真理である。たとえば、キリスト教道徳は、道徳の問題に関する全面的真理だから、これと異なる道徳を説く人がいれば、その人は完全に誤っている。」実際、キリスト教道徳は、あらゆる問題の中で最も重要であるから、〔真理の部分性という〕一般原則を検証するのにこれ以上ふさわしいものはありえない。

　しかし、何がキリスト教道徳であり何がそうでないかを示す前に、キリスト教道徳という言葉が何を意味しているのかを確定しておくことが望ましいだろう。新約聖書の道徳という意味であれば、疑問が出てくる。キリスト教道徳の知識をこの書物そのものから得ている人にとって、この書物は道徳上の教えを自己完結的な形で明示している、あるいはそうしたものを意図していると考えることができるのか、という疑問である。福音書がつねに行なっているのは、以前から存在していた道徳を引き合いに出した上で、その道徳の中で是正すべきであったり、もっと幅広く高尚なものに置き換えるべきだったりする特定部分に限って、自らの教えを語ることである。しかも、福音書はかなり漠然とした言葉で書かれていて、字義通りに解釈することが不可能な場合も多い。そこにあるのは、法律条文の正確さというよりも、むしろ、詩や雄弁が与えるような印象の深さである。新約聖書から体系的な倫理的教説を引き出そうとしても、旧約聖書からの補充がなければ無理である。ところが、旧約聖書は、たしかに精緻な体系ではあるにしても、多くの点で野蛮なところもあり、未開の一国民を対象としていたものでしかない。聖パウロは、倫理的教説の解釈の仕方や師〔イエス・キリスト〕の教えの大枠を補充するやり方として、このユダヤ的方式〔旧約聖書からの補充〕に公然と反対した。しかし、パウロはギリシャ・ローマの道徳を前提にしていたから、既存の道徳を前提にするという点では同じだった。そのため、キリスト教徒に向けた彼の助言は、奴隷制ですら容認しているように見えるぐらいにまで、かなりの程度、ギリシャ・ローマの道徳に合わせて組み立てられている。

キリスト教道徳と呼ばれているものは、むしろ、神学的道徳と名づけるべきだろう。これはキリストや使徒たちが作り出したものではなく、もっと後に始まったもので、五世紀までのあいだにカトリック教会が少しずつ構築していったものである。近代の人々やプロテスタントたちは、この道徳をそのまま取り入れたわけではなかったが、加えられた修正は意外なほど少なかった。実際、彼らはたいてい、中世にこの道徳に付加されたものを削除することで満足し、各教派は、その削除部分に自分たちの性格や傾向に合わせたものを新たに加えていったのである。この道徳や、それを当初教え説いた人々は、人類に大きく貢献した。そのことを私はけっして否定するわけではない。とはいえ、私は躊躇することなく、こう言っておきたい。この道徳は、多くの重要な点で不完全であり一面的である。キリスト教道徳が認めていない思想や感情がヨーロッパの人々の生活や性格形成に貢献したのであり、もしそうでなかったら、人々の生活は現状よりも悪くなっていただろう。

キリスト教道徳（と呼ばれているもの）は、何かに反発する姿勢の特徴をすべてそなえている。反発の大半は、異教に向けられた抗議だった。キリスト教道徳の理想は、肯定的というよりも否定的であり、能動的というよりも受動的である。高貴であることよりも無垢であること、善を力強く求めることよりも邪悪さを避けることが、理想になっている。教えの中では、（よく言われてきたように）「汝するべからず」が、「汝するべし」に比べて過度に多い。肉欲を恐れるあまりに禁欲主義を祭り上げてしまい、その禁欲主義が徐々に変質して、規則至上主義のようなものになっている。有徳な生活を導く動機と定められ、そういう動機にふさわしいものとされているのは、天国への期待と地獄への恐怖である。この点でキリスト教道徳は、古代人の道徳のうちで最善のものよりもはるかに劣っている。キリスト教道徳は、その中に含んでいるもの〔天国への期待と地獄への恐怖〕によって、人間の道徳が本質的に利己的な性格を持つことを助長している。同胞の利益を顧慮することへの利己的な誘因を与えてはいても、その程度のものを別とすれば、各人の義務の感情を同胞の利益から切り離している。

キリスト教道徳は本質的に受動的服従の教義であり、すでに確立しているあらゆる権威への服従を説く。その権威が、宗教によって禁じられていることを命じる場合には積極的に服従すべきでないとしても、どんなひどい不正を加えられても抵抗してはならないし、反乱などもってのほかである。非キリスト教国の中で最も秀でている国々の場合、国家に対する義務は、道徳の中で行き過ぎとさえ言えるほどの地位を占めていて、個人の正当な自由を侵害するまでになっている。これに対して、純粋にキリスト教的な倫理では、義務のこうした一大部門〔国家に対する義務〕が注目されることも認められることもほとんどない。次の格言を目にするのは、新約聖書ではなくコーランにおいてである。「支配者が誰かを役職に就ける際に、自分の領地にもっと適任の人物が他にいるのであれば、神に対する罪と国家に対する罪を犯したことになる。」(29) 現代の道徳の中で、公共に対する義務の観念がわずかでも認められているとすれば、その由来は、キリスト教ではなくギリシャ・ローマにある。私的生活の道徳でも同様に、度量の大きさ、高潔、人格的威厳、それに名誉の感覚ですら、どこに由来するかといえば、われわれが受けている教育のもっぱら人間性にかかわる部分〔人文学的教養〕であり、宗教的な部分ではない。それらは、服従こそが唯一の価値であるとはっきり認めているような倫理的基準からは、けっして出てきようがないのである。

キリスト教倫理について可能などんな見方をしても、以上の欠陥は必然的に内在している、と言っているのではない。一つの完結した道徳的教義に必須の要件なのに、キリスト教倫理に含まれていない点が多数あるが、それらはキリスト教倫理と両立できない、と主張してもいない。私は他の人と同様に、そうは主張していない。ましてや、キリスト本人の教えや格言がそうなっている、などとほのめかすつもりもない。私は次のように考えているのである。キリストの言葉がキリスト本人の言おうと意図していたものだったことを証拠づけるのは、キリストの言葉以外にない。また、キリストのそのような言葉は、一つの包括的な道徳に必要なもののいずれとも矛盾していない。倫理的にすぐれている言葉は、すべて、キリストの言葉としてひとまとめにしてよい。そのようにしても、キリストの言葉から実践的な行為体系を引きだそうと試みてきたあらゆる人々の場合と同様、語られた言葉に歪曲を加えたことにはならない。とはいえ、以上のことは、次のように考えることと十分に両立する。つまり、キリストの言葉は真理の一部分しか含んでおらず、また、そのように意図されたものだった。最高レベルの道徳の本質的要素の多くは、キリスト教の創設者の見解として記録されているものの中には示されていないし、そういうことは意図されてもいなかった。また、そのような諸要素は、キリスト教会の見解を基礎に打ち立てられた倫理体系の中では、完全に無視されてきた。このように考えると、われわれを導く完全な規範をキリスト教の教義に見出すことにこだわるのは、大きな誤りだと私は思う。そうした完全な規範を受け容れさせ守るようにさせることは、教義の創始者が意図したところではあるが、与えようとしたのは規範の一部分に限られていたのである。

さらに、ここで言及している〔キリスト教の教義だけで完全な規範になっているという〕

窮屈な考え方は、深刻な現実的害悪になりつつある。この考え方は、現時点で非常に多くの善意の人々が延々と努力して促進しようとしている道徳的な訓練や教化の価値を大幅に減殺しているからである。これまでキリスト教倫理と並存しそれを補完してきた世俗的基準(より適切な名称がないのでそう呼んでよいだろう)は、キリスト教倫理が持つ精神の一部を受け容れるとともに、キリスト教倫理に自らの倫理の一部を注ぎ込んできた。これを捨て去り、もっぱら宗教的な鋳型に即して知性や感情を形作ろうとすれば、その結果として、至高の意思と思われているものにひれ伏すことはできても、至高の善という考え方にまで自分を高めることもこの考え方に共感することもできない低俗で卑劣で隷属的な性格がもたらされるだろうし、現在ですらそうなっている。私が大いに懸念しているのはこれである。

私の考えでは、人類の道徳的再生をもたらすためには、キリスト教だけを起源として発展していける倫理とは別の倫理が、キリスト教倫理とともに存在していなければならない。人間精神が不完全な状態では、真理のために意見の多様性が必要だという通則に関して、キリスト教も例外というわけではない。キリスト教に含まれていない道徳的真理を無視しないようにするために、キリスト教に含まれている道徳的真理を無視する必要はない。そういう偏った見方をしたり無視したりということがあるとしたら、それはまったく有害である。とはいえ、このような弊害はいつでも回避できるとは期待できないから、測りしれないほど大きな利益を得るために支払われる代価と見ておかなければならない。真理の一部でしかないのに真理の全体だと、他の議論を顧慮せずに言い張ることに対しては、抗議すべきだし抗議して当然である。他方、抗議する側も、反発する気持ちに駆られて不公平になることもあるだろう。しかし、そのような一面性は、抗議されている側の一面性と同じように嘆かわしいものだとしても、寛大に扱うべきである。キリスト教徒が、非キリスト教徒に向かってキリスト教に対して公平であれと教え説きたいのであれば、彼ら自身も、非キリスト教徒に対して公平でなくてはならない。文学作品の歴史についてごくふつうの知識がある人ならば知っていることだが、最も高貴で最も価値ある道徳的な教えの大部分は、キリスト教信仰を知らなかった人々の所産であるばかりでなく、キリスト教信仰を知りながら退けた人々の所産でもある。この事実に目を閉ざしても、真理には何ら貢献しない。

人々が考えつくことのできる意見すべてについて、それらを公表する自由がまったく制限されずに行使できるのであれば、宗教や哲学における党派心の弊害はなくなるだろう、と私は主張しているわけではない。度量の狭い人が熱心になるような真理は、どれも間違いなく、まるで他の真理が世界にはないかのようにして、あるいは、自分が信奉している真理を制限したり弱めたりできるものはどう考えてもありえないかのようにして、主張され教え込まれ、また、多様な形で実行に移されたりするものである。どんな意見でも党派的になるという傾向は、最も自由な討論をもってしても正されないし、むしろ、多くの場合、強められ悪化してしまうことは私も認める。目を向けておくべきだったのにそうしていなかった真理が、論敵とみなされている人物によって公言されると、それだけいっそうその真理を激しく拒否してしまうものである。

しかし、意見のこうした衝突によって有益な影響を受けるのは、気持ちが高ぶっている党派的な人ではなくて、冷静で公平無私な傍観者である。真理の部分どうしが激しく衝突することが、恐るべき害悪なのではない。恐るべき害悪は、真理の半分がひっそりと抑圧されることである。人々が双方の意見に耳を傾けざるをえないときには、いつでも望みがある。一方の真理にしか耳を傾けないときこそ、誤謬が偏見にまで凝り固まり、真理は誇張され虚偽にまでなってしまい、それで真理の持っている意味を失うのである。問題の両側面のうち一方しか代弁されていないとき、その両側面のあいだで理知的な判断を下すことのできる判断能力は、ほとんどありえないような精神的特質である。だから、真理〔全体〕が得られる機会は、両方の立場に、つまり、真理のどこかの部分を含んでいる両方の意見のそれぞれに代弁者がついていて、さらに、その代弁者の声を聞けるようになっている場合に限られてくるのである。

以上で、人類の精神的幸福にとって、意見の自由と意見を表明する自由(人類の他の幸福はすべてこれらの自由に左右される)が必要であることを明らかにした。これには、それぞれに異なる四つの根拠があった。それらを、ここで、あらためて要約しておく。

第一に、ある意見が沈黙を強いられているとしても、その意見は、もしかすると真理であるかもしれない。これを否定することは、われわれ自身の無謬性を想定することである。

第二に、沈黙させられている意見は誤っているとしても、真理の一部を含んでいるかもしれないし、そうであるのがごくふつうのことである。また、広く受け容れられている意見や支配的な意見は、どんな問題に関する意見であっても、真理の全体であることはまれであり、まったくそうでないこともある。したがって、真理の残りの部分を補なう可能性を与えるのは、対立する意見の衝突だけである。

第三に、たとえ、受け容れられている意見が真理であるばかりでなく、真理の全体であったとしても、活発で熱心な論争が許されず、実際にも、そのように論争されていなければ、その意見を受け容れているほとんどの人々は、意見の合理的な根拠を理解したり感じとったりすることが少しもないまま、偏見の形でその意見を信奉することになるだろう。

それればかりでなく、さらに第四に、主張の意味そのものが失われたり弱まったりして、性格や行為に対する生き生きとした影響力を失う危険が出てくるだろう。教義はたんなる形式的な口先だけの言葉になり、よいことのためには役に立たず、むしろ地面をふさぐだけで、実感のこもった本物の確信が理性や個人的経験から成長していくのを妨げることになる。(30)

意見の自由の問題を論じ終える前に、一言述べておいた方がよい点がある。あらゆる意見を自由に表明することは許容すべきだとしても、表明の仕方について節度を守り、公平な議論の限界を超えないことが条件だ、と論じる人についてである。そういう限界を決めるのが不可能なことは、力説してよいだろう。なぜなら、攻撃されている意見の持ち主の不快感を基準にすると、私の考えでは、次のことが経験的に明らかだからである。つまり、こうした不快感は、攻撃が説得的で強力な場合はつねに生じてくるし、押しが強くて反論するのが難しそうで、問題となっている点に強い感情を示している論者はすべて、反論しようとする側には、節度のない敵に見えてしまうのである。しかし、この論点は、実際的な見地からは重要であるものの、〔節度を守れという主張に〕反対するもっと根本的な議論に組み込むことができる。

たしかに、たとえ正しい意見であっても、意見の主張の仕方に非常に問題があり、厳しく非難されても当然なこともあるだろう。しかし、そういう主張の仕方の中でも、この上ない不快感を生じさせるのは、たまたま、歴然と目につく姿にでもなっていなければ、〔非常に問題であることを〕本人にしっかり悟らせようにも、ほとんど悟らせようがない主張の仕方である。特に最悪なのは、詭弁を使うこと、事実や論点を隠蔽すること、議論の要点をはぐらかすこと、あるいは、自分に反対する意見を歪曲して述べることである。ところが、こうしたことすべてを、無知や無能とみなされていない人々、しかも、他の多くの点を見ても無知や無能とは到底思えないような人々が、まったく大真面目に、最悪の形で行なっている。それがあまりにも頻繁なために、十分な根拠から良心にもとづいて、こうした議論のごまかしを道徳的に非難すべきものだといちいち指摘することもほとんどできない。ましてや、論争におけるこの種の不正行為をあえて法律を使ってまで防止することなど、およそ不可能である。

節度を欠いた討論ということがふつう意味しているもの、つまり、誹謗、当てこすり、個人攻撃などに関して言えば、こうした攻撃手段に対する非難が、それらを使わせないために当事者双方に平等に向けられているのであれば、それにもっと賛同してよいだろう。しかし、こういう攻撃手段の使用を抑制するよう求められているのは、それが支配的な意見に向けられる場合に限られている。少数意見に向けられる場合には、社会全般からの非難はなく、それどころか、この手段を使う人物は、真摯な熱意があり義憤に駆られている人として、賞賛される可能性が高い。むしろ、こうした攻撃手段を用いることから生じる弊害は、比較的無防備な人々に対して用いられるときに極大化する。こういう主張の仕方で生じる不当な利益はどれも、ほとんどの場合、広く受け容れられている意見の側が独占しているのである。論争当事者が行なえるこうした類いの攻撃のうちで最悪なのは、反対意見の持ち主に、邪悪で不道徳な人物という汚名を着せることである。この種の中傷を特に浴びせられるのは、不人気な意見の持ち主である。なぜなら、彼らはたいていは、少数者で影響力がなく、彼らが正当に扱われることについては、彼ら自身を除いて誰も関心を持たないからである。しかし、この攻撃手段はそもそも本来的に、支配的意見を攻撃する人々には与えられていない。彼らは、自分の安全を保ちながらこの攻撃手段を使うことはできないし、仮に使えたとしても、自分たちの主張にはね返ってくるだけである。社会全般に受け容れられている意見に反対する意見が傾聴してもらえるのは、たいていは、穏やかな言葉を慎重に選んで、不要な攻撃を受けないよう用心している場合だけである。ここから少しでもはずれると、敗退は必至である。他方、支配的意見の側が中傷を際限なく行なえば、反対意見を公言することも、反対意見を公言する人に耳を傾けることも、本当に不可能になってしまう。したがって、こういう場合には、真理と正義のために、反対意見の側に対してよりも、支配的意見の側に対して、中傷的な言葉を使わないよう求めることの方が、いっそう重要である。たとえば、侮蔑的な攻撃の対象が、宗教の場合と信仰を持たない人々の場合で、どちらを制止するか選ぶ必要が生じたら、はるかに必要なのは、信仰を持っていない人々への攻撃を制止することだろう。

とはいえ、いずれの側を制止することも、法律や権力の仕事でないのは明らかである。どの場合にしても、世論が、個々の事例の事情を勘案して判断を下すべきである。その際、主張の仕方が不誠実だったり、悪意や排他性や不寛容が感情的に示されたりしている場合は、議論のどちらの側に味方する主張であっても、そうした主張をする人を非難すべきである。ただし、たとえ主張者のとっている立場がわれわれと反対であったとしても、このような悪徳の有無を主張者のそうした立場から推測してはならない。さらに、自分の論敵やその論敵の意見の実像を冷静に見て取り、それらを歪曲せずに述べ、誇張によって論敵の信用を失墜させようとしたりせず、論敵に有利になることや有利になる可能性のあることは何も隠したりしない人がいたら、その人がどんな意見の持ち主であっても、応分の名誉を与えるべきである。

これが、公的討論の真の道徳である。たとえ、守られていないことが多いとしてもである。それでもやはり、この道徳を大いに守って論争に加わっている人々もたくさんいるし、守る方向で良心的に努力している人々は、さらにたくさんいる。私としては、そのことを考えると喜ばしい想いがする。

第三章　幸福の一要素としての個性について

人々が自由に意見を持ち、自分の意見を包み隠さず表明できることは、絶対に必要である。その理由はこれまでの議論で示したとおりである。また、この自由が認められなければ、あるいは、禁止に逆らってでもこの自由を貫くことがなければ、人間の知的本性にも、さらに、知的本性を介して道徳的本性にも、有害な結果がもたらされることも、これまでの議論で示した。

そこで、次に検討したいのは、同じ理由から別の自由も必要とされるのではないか、ということである。人々には、自分の意見にもとづいて行動する自由があるのではないか。自分で責任を負って危険を引き受ける限り、他の人々から物理的にであれ精神的にであれ妨害を受けずに、自分の意見を自分の生活の中で実行する自由があるのではないか。もちろん、自分で責任を負って危険を引き受ける限り、という条件は欠かせない。

行為も意見と同程度に自由だ、と言い張る人はいない。それどころか、意見を表明すると有害な行為を積極的に煽動することになる状況では、意見ですら免責の対象にならない。穀物商は貧者を飢えさせているとか、私有財産は強奪だといった意見を出版物を通じて広めるだけなら、妨害してはならない。しかし、穀物商の家の前に集まった興奮状態にある群衆に向けて声に出して言ったり、ビラにしてその群衆に配ったりすれば、処罰されるのは当然だろう。正当化できる理由がないのに他人に危害を加える行為は、どんな種類のものであれ、嫌悪の感情によって抑止されてよい。また、重大な事例の場合は、そうした感情で抑止することが絶対に必要であるし、やむをえないときには、人々の積極的な干渉で抑止することも絶対に必要となる。個人の自由は、ここまでは制限されなければならない。個人は、他の人々に対して妨げになることをしてはならない。

しかし、他人にかかわる物事で他人を妨げているわけではなく、自分自身にかかわる物事で自分自身の好みや判断に即して行為しているだけであれば、意見は自由であるべきだというのと同じ理由によって、自分自身で負担を受け容れつつ、誰からも妨害されずに自分の意見を実行に移すことが許される、ということも明らかである。人類は無謬ではないこと、大半の真理は半真理《ハーフ・トゥルース》でしかないこと、意見の一致は、対立する意見をこの上なく十分にかつ自由に比較した上での一致でない限り望ましくなく、真理のあらゆる側面を認識するという点で、人類が現在よりもはるかに大きな能力を持つようになるまでは、多様性は害悪ではなくむしろ善であること――こうしたことは、人々の意見と同様に、人々の行動の仕方にもあてはまる原理である。人類が不完全なあいだは、異なった意見が存在することが有益である。それと同じように、生き方についても異なった試みが存在し、他人に危害がおよばない限りで性格の多様性に自由な余地が与えられ、自分で試みることがふさわしいと思うときには、異なった生き方の価値を実際に確かめてみることも有益である。要するに、当初から他人に影響がおよぶような物事でなければ、個性が自己主張するのが望ましい。本人の性格ではなく、伝統や他の人々の習慣が行為のルールになっている場合は、人間の幸福における主要な要素の一つであって個人と社会の進歩のまさに第一の構成要素でもあるものが欠けているのである。

　この原理を主張する際に出会う最大の困難は、認められている目的を前提にそれを実現する手段をどう正しく評価するかという点にあるのではなく、目的そのものに対して大方の人々が無関心だ、という点にある。個性の自由な発展が、幸福の主要な要素の一つであり、文明、知識、教育、陶冶といった言葉が意味するすべてのものと同格の要素であるばかりでなく、そうしたものに必要不可欠な部分であり条件でもあるということが、もし実感されていれば、自由が過小評価される危険はないだろうし、自由と社会による規制とのあいだの調整も、格別に困難なことにはならないだろう。

しかし、厄介なことに、個人の自発性が固有の価値を持ち、それ自体として尊重に値するということが、ふつうの考え方ではほとんど認識されていないのである。大多数の人々は、人間全般の現状に満足しているために(というのも、自分たちを現在のようにしているのは自分たち自身だから)、なぜ自分たちの生き方が必ずしもすべての人々にとって十分によいものではないのかを理解できない。さらに、道徳や社会を改革しようとしている人々の場合でも、大半は、自発性を自分の理想の一部として取り入れてはいない。むしろ、こうした改革家たちは、自発性を警戒していて、人類にとって最善だと自分たちが判断しているものを世間一般に受け容れさせる際に、面倒でおそらくは反抗的な障害になるものと見ている。

学者としても政治家としても卓抜していたヴィルヘルム・フォン・フンボルトは、その著書の中で次のような主張を行なったが、それを理解できる人も、ドイツの外に出るとほとんどいない。フンボルトによれば、「人間の目的は、理性の永遠不変の命令によって定められており、漠然とした一過的な欲望によって示されるものではない。その目的とは、人間の諸能力が完全で一貫した全体に向けて、最高度に、また、最も調和的に発展することである。」したがって、「すべての人間がたえず自らの努力をふりむけ、また、とりわけ同胞に影響を与えることを志している人々がつねに注視する」対象となるべきなのは、「能力や発展の個性的なあり方である。」個性が存在するためには、「自由と境遇の多様性」という、二つの条件が必要である。これら二つが結びついて「個人の活力と豊かな多様性」が生まれ、さらに、このような活力と多様性が合わさって「独創性」となる。*

*〔原注〕ヴィルヘルム・フォン・フンボルト『統治の領域と責務』英訳版、一一頁、一一三頁〔邦訳、一一二頁、一一四頁〕。

人々はフンボルトのこういう主張にはほとんど馴染みがなく、個性がこれほど高く評価されていることに驚くかもしれない。しかし、やはりこれは程度の問題であって、

それ以外のものではありえないと考えるべきである。(1)

卓越した行為のあり方とは、人々がたがいに模倣しあうことであり、それ以外はけっして何もしないことだ、と考える人はいない。自分の判断や個性のどんな特徴も、自分の生活様式や関心事になっている行為の中に持ち込むべきではない、などとは誰も主張しないだろう。その一方で、自分が生まれる前の世の中はまったくの無知だったかのようにして、つまり、ある生活や行為の仕方が別の仕方よりも望ましいことを教えてくれる経験がまるでなかったかのようにして、人は生きていくべきなのだ、という主張も理にかなわないだろう。人間が経験してきた物事の中で間違いないと確認された結論を知り、それに助けてもらえるように、若いうちに教育され訓練されるべきだということは、誰も否定しない。しかし、成人の能力に達したら、自分自身のやり方で経験を活用し解釈することは、人間の特権であり、人間にふさわしい状態でもある。記録に残されている経験のうち、どの部分が自分自身の境遇や性格にうまく適用できるのかを見つけ出すのは、本人である。

他の人々の伝統や慣習は、ある程度は、その人々が自分たちの経験から何を教えられてきたのかを示す証拠になっている。推定証拠ではあるが、それなりに尊重すべきものである。とはいえ、第一に、他の人たちの経験は、狭すぎることもあるだろう。あるいは、彼らが経験を正しく解釈していなかった、ということもあるだろう。第二に、彼らが経験を正しく解釈していたとしても、その解釈が当てはまらない人もいるだろう。慣習は、慣習に馴染みやすい環境や性格に合わせてできているが、当人の環境や性格は、慣習に馴染みにくいものであるかもしれない。

第三に、よい慣習であり、また、本人にも馴染めるものだったとしても、たんに慣習だからということで慣習に従うのでは、人間に特有のどんな資質にしても、本人の中で育成し発達させることにはならない。知覚、判断、物事を見分ける感覚、知的な活動、そして道徳的な優先順位付けまでも含めて、人間のこれらの機能が訓練されるのは、選択を行なう場合に限られる。何事であれ慣習だからという理由で行なう人は、何も選択していない。最善なものを見分け望むという点では、何の練習にもなっていない。知力や道徳的な能力は、筋力と同様に、使うことによってのみ向上する。他の人がしているからという理由で同じことをしても、他の人が信じているからという理由で同じことを信じる場合と同様に、これらの能力は訓練されたことにはならない。意見の根拠が本人自身の理性にとって決定的でなければ、その意見を取り入れても、その人の理性を強化することはできないし、かえって弱めてしまう可能性がある。また、行為を導く動機が本人の感情や性格にそぐわなければ(愛情とか、他人の権利とかにかかわってこない場合の話だが(2))、そのことが大きく影響して、本人の感情や性格は、力強さを欠いた不活発なものになってしまう。活発で精力的な性格や感情になることはない。

自分の人生のあり方を、世間任せにしたり自分の周囲の人任せにしたりしている人に必要なのは、猿真似の能力だけである。自分の人生のあり方を自分自身で選ぶ人は、自分の能力のすべてを駆使する。こういう人は、見るために観察し、予見するために推理して判断し、意思決定するために判断材料を収集し、結論を出すために識別力を発揮し、さらに結論に到達したら、自分の考え抜いた上での結論を貫き通す強固な意志と自制心を働かせる、というように、さまざまな能力を駆使しなければならない。だから、自分自身の判断と感情に即して決定した行為の部分が大きければ大きいほど、これらの資質が必要となるし、駆使されることにもなる。

こういうことがなくても、何か適切な道筋へと導かれ、無事に切り抜けていくことはありえる。しかし、他の人と比べて、この人の人間としての価値はいったいどんなものになるのだろうか。人が何をするかばかりでなく、それをするのはどんな人なのかということも、本当に重要なのである。[3]人間が作り出す作品の中で、人生を費やして完成させ美しくするのにふさわしいものは色々あるが、その中でいちばん重要なのは、間違いなく、人間そのものである。

機械が、つまり人間の姿をした自動人形が、家を建て、穀物を栽培し、戦争で戦い、裁判を行ない、教会を建てて祈りを捧げることさえできるようになったと仮定してみよう。こうした自動人形が人間の男女に取って代わったらどうなるだろう。たとえ、これら人間の男女が今、世界の中の文明化した地域に暮らしていて、自然が生み出せるものや生み出すことになるだろうものの見本としては、間違いなく貧弱なものでしかないとしても、自動人形に取って代わられれば、やはり莫大な損失になるだろう。人間の本性は、図面通りに作られ決まりきった仕事を正確にこなすように設定された機械ではない。一本の樹木である。人間の本性は、自らの内部にあって自らを生命あるものにしている諸力の趨勢に従いながら、あらゆる側面で自らを成長させ発展させることを求めているのである。

自分の理解力を働かせるのは望ましいし、慣習に従うにしても、何も考えずたんに機械的に慣習に従うことに比べれば、知性を働かせた上で従う方がよいし、ときには知性を働かせて慣習からはずれることもよい。このことは、おそらく認めてもらえるだろう。物事についての本人の理解が自分自身のものであるべきだということは、ある程度は認められている点である。ところが、欲求や衝動も自分自身のものであるべきだという点や、自分自身のものとして力強い衝動を持っていても危険ではないし、落とし穴になるわけでもないという点に関しては、同じように前向きに認めようとする姿勢は見られない。

しかし、欲求や衝動は、信仰や自制心と同じように、完全な人間にとっての一部分である。強い衝動が危険になるのは、適正なバランスが失われている場合だけである。つまり、ある特定の意図や性向が強くなっているのに、それと並存すべき別の意図や性向が脆弱で不活発なままになっている場合である。人々が悪行に走るのは、欲求が強いからではなく、良心が弱いからである。強い衝動と弱い良心とのあいだに、本来的な結びつきがあるわけではない。本来的な結びつきは逆である〔強い衝動は強い良心と結びついている〕。ある人の欲求や衝動が別の人の場合よりも強く多様性に富んでいる、ということで言われているのは、その人が人間性の素材をより多く持っていて、そのために、より多くの悪行も可能なのかもしれないが、より多くの善行も間違いなくできる、ということでしかない。強い衝動とは、まさに活力の別名である。活力は邪悪な用途に向けられることもあるだろう。しかし、怠惰で無感情な性格の人に比べて、より多くの善行が、活力に満ちた性格の人によってなされるだろう。自然の感情が非常に豊かな人は、つねに、陶冶を経た感情も最強になる可能性のある人である。個人の衝動を生き生きとした強力なものにするのと同じ感受性が、美徳に対する最も情熱的な愛と最も厳格な自己抑制をもたらす源泉になるのである。こういう感受性の陶冶のおかげで、社会は自らの責務を果たし自らの利益を保護しているのである。英雄の作り方がわからないという理由で英雄を作る素材を拒んでいて、できることではない。

欲求や衝動が自分自身のものである人、つまり、欲求や衝動が自分自身の本性の表現であるとともに、自らの陶冶によって発展を遂げ修正されている人が、性格を持つと言われている人なのである(4)。欲求や衝動が自分自身のものでない人は、性格を持っていない。蒸気機関が性格を持たないのと同じことである。衝動が自分自身のものであるだけでなく強力でありながら、それを強い意志の統制下に置いている人は、活力に富んだ性格を持っている。

欲求や衝動を持った個性が発展していくのを促すなどもってのほかだと考える人は誰もが決まって、社会は強い本性を必要としていないと主張する。性格をたっぷり持っている人が多くいても、その分だけ社会がよくなるわけではないのであって、活力が全般的に高い水準にあることは望ましくない、というのである。

原初の社会状態では、場合によっては、欲求や衝動の力が、それらを規律し統制する力に比べて強すぎることもありえただろうし、事実、強すぎることもあった。自発性や個性の要素が過剰で、それらと社会の側の原則とが激しく闘っていた時代があった。当時の困難は、強靱な身体や精神をそなえた人々を、衝動を抑制するのに必要な何らかの規則に従わせることにあった。この困難を克服するために、法や規律が、皇帝と闘う教皇と同じようにして、人格の全体に対する権力を主張し、人々の性格を統制するためにその生活全体に対する統制権を要求したのだった。それ以外に、人々の性格を縛る十分な手段を、社会は見つけられなかったのである。

しかし今では、社会は個性に対してかなりの程度、優位に立っている。したがって、人間本性を脅かしている危険は、個人の衝動や好みが過剰であることではなく、むしろ、それらが欠如していることである。かつては、地位や個人的な才能のために強者となっていた人々の情念が法律や慣例に絶えず反抗する状態だったから、その支配下にある人々が多少なりとも安全でいられるようにするためには、強者の情念を法律や慣例の枠内に厳しく縛りつけておく必要があった。しかし、その頃とは事態が大きく変わっている。今の時代は、社会の最上層から最下層に至るまで、すべての人々が、敵愾心に満ちた恐ろしい監視の目にさらされているかのようにして暮らしている。他人にかかわる物事ばかりでなく、自分だけにしかかかわらない物事に関しても、個人や家族は、次のように自問することはない。何が私の好んでいるものなのだろうか。何が私の性格や気質に合っているのだろうか。何が私の中にある最善かつ最高のものを堂々と表に引き出し、それを大きく伸びやかに育ててくれるのだろうか。人々が自問しているのは、むしろこうである。何が私の地位にはふさわしいのだろうか。私と同じ地位や収入のある人々は、ふつうは何をしているのだろうか。あるいは（さらによくないことに）、私よりも上の地位や境遇にある人々は、ふつうは何をしているのだろうか(5)。

私が言おうとしているのは、人々は自分自身の好みに合ったものと比べた上で、慣習的なものの方がよいと思って選んでいる、ということではない。慣習的なもの以外に何か好みを持つということが、人々の頭には浮かばなくなっているのである。そのようにして、精神そのものが縛られてしまっている。娯楽のために何かするときでさえ、人々が最初に考えるのは、他人に合わせることである。大勢の人々に好まれるものが、自分の好きなものなのである。何かを選ぶにしても、一般に行なわれている物事の中からしか選ばない。趣味が特異になり行為が奇矯になることは、犯罪同然に遠ざけられる。自分の本性に従わないことで、従うべき本性がなくなるまでになっている。人間的な能力は衰退し貧弱になっている。強力な願望を持つことも、自然な楽しみを感じることもできなくなっている。意見や感情にしても、自分の中で成長してきているものもなければ、本当に自分自身のものもないのがふつうである。はたしてこれは、人間本性の望ましい状態だろうか、それとも、そうではないのだろうか。

望ましい状態だ、というのがカルヴァン主義の理論である。この理論によれば、人間の一大罪悪は自分で意志することである。人間性にとって可能な善の一切は服従にある。人間に選択の余地はない。だから、人間には、すべきことと、してはならないことしかない。「義務でないものはすべて罪である。」人間本性は根本から堕落しているから、当人の中で人間本性が死滅してしまうまでは、誰にも救いはない。この人生理論を信奉している人にとっては、人間が持っている機能や能力や感受性を押しつぶしてしまうのは、悪いことではない。人間に必要な能力は、神の意思に自分を屈服させる能力だけである。神の意思と考えられているものがいっそう効果的に働くようにするという目的以外のために、人間が自分の能力のいずれかを用いることがあるとすれば、そんな能力はない方がよい。

以上がカルヴァン派の理論である。もう少し緩やかにした形のものは、自分はカルヴァン派だと考えていない多くの人々も信奉している。緩やかになっているのは、神の意思とされているものについての解釈において、禁欲主義的なところが少なくなっていて、人間が自分の好みのうちの一部を満たしてもそれは神の意思だと主張している点である。もちろん、自分の好きなやり方でということではなく、服従しながらということであり、つまり、権威によって定められたやり方でということである。また、そうである以上、この場合の必然的な条件〔すべての人が一律に神の意思に従うという条件〕からして、誰もが同一のやり方でということにもなる。

気づきにくい形でではあるが、今日、この狭隘な人生理論と、この理論が推奨する窮屈で堅苦しい人間類型に向かう強い風潮が存在している。多くの人々が本気で、こういうふうに萎縮した矮小な人間こそ、造物主の意図していたところだ、と考えているのはたしかである。木が丸く剪定されたり動物の形に刈り込まれたりしている方が、自然のままの樹形よりもずっとよいと、多くの人が考えてきたのとまったく同じである。

しかし、人間は善なる神によって作られたと信じることが、宗教の一部になっているのであれば、この信仰ともっと整合性のある考え方がある。つまり、この神が人間のあらゆる能力を与えたのは、それらが根絶されて消えてしまうためではなく、陶冶されて開花するためであり、被造物の中に組み入れておいた理想像に被造物が近づいていく営みのすべてに神自らが喜びを見出すためだったのだ、と考えることである。人間の卓越に関する類型には、カルヴァン主義的な類型とは違うものがある。人間の本性は棄て去るだけのために人間に与えられているのではなく、他の目的のために与えられている、という人間観である。「キリスト教的な自己否定」ばかりでなく、「異教的な自己主張*」も、人間が持っている価値の一要素である。自己発展というギリシャの理想が存在しているのである。これには、プラトン的でキリスト教的な自己統制の理想も入り交じってはいるものの、取って代わっているわけではない。アルキビアデス[6]のような人物よりは、ジョン・ノックスのような人物の方がよいかもしれないが、そのいずれよりも、ペリクレス[7]のような人物の方がよい、ということである。現代にペリクレスのような人物がいるとすれば、ジョン・ノックスが持っていた長所のいずれもそなえていることだろう。

*〔原注〕『スターリング論文集[8]』。

人間が高貴で美しいものとして観照の対象になるのは、個性的なものがすべてすりつぶされ画一的にされているからではない。他の人々の権利と利益のために課された制約の範囲内で、個性的なものが陶冶され引き出されているからである。人間の生活も、作品が制作者の性格を帯びるのと同じような過程を経て、豊かで多様で生気に満ちたものになる。そして、高潔な思想や品位を高める感情にいっそう豊富な養分を与えるとともに、人類の一員であることの価値を最高度に高めることによってあらゆる個人を人類に結びつける絆を強化する。各人は、自分の個性の発展に比例して、自分にとっていっそう価値あるものとなり、また、その結果として、他の人々にとってもいっそう価値あるものになることができる。それぞれの人間の存在にいっそう充実した生命が宿り、〔個人という〕構成単位の生命力が高まると、そうした単位から構成される集合体の生命力も高まることになる。

並外れて強い性質の人が他の人々の権利を侵害しないようにするのに必要な程度の抑制は、欠かすことはできない。しかし、この抑制を埋め合わせるものは、人間の発展という観点から見ても十分に存在している。他の人々への侵害となるような欲求の充足が妨げられることで個人が発展の手段を失ったとしても、そういう手段は、主に、他の人々の発展を犠牲にして得られるものである。また、本人にとっても、自分の本性の中の利己的な部分に抑制が加わることによって、社会的な部分の本性がよりよいものに発展できるから、その点で十分な代償がある。他の人々の利益のために正義の厳格な規則を遵守させせられることで、他の人々の善を自分の目的とするような感情や能力が発達する、ということである。

しかし、他の人々の善に影響しない物事に関して、たんに気に入らないからという理由で抑制が加えられても、抑制に反抗するにつれて性格の強さが現われてくるといったことを別にすれば、価値あるものは何も発展しない。そうした抑制におとなしく従ってしまえば、当人の性質全体が不活発で無感覚になる。各人の本領を発揮するために必要不可欠なのは、それぞれ異なっている人々がそれぞれに異なった生き方を許されることである。どんな時代であっても、こうした自由な広がりが与えられれば、それに比例して、後世の注目に値する時代となる。専制の下であっても、個性が存在している限り、専制の最悪の効果は生じない。個性を打ち砕いてしまうものこそが、何であれすべて専制なのである。強制すると公言しているものが神の意思であろうが人間の命令であろうが、また、どんな名称で呼ばれようが関係ない。

以上で、個性とは発展と同じものであること、そして、十分に発展した人間を生み出し、あるいは、生み出すことができるのは、個性の陶冶だけであることを論じ切ったので、これで議論を終えてもよいのかもしれない。なぜなら、人間が自分のなりうる最善なものへと近づいていける場合以外に、人間生活の条件として最高だとか最善だとか言えるものはないからである。また、人間が最善のものに近づくのを妨げることと以外に、善への最悪の障害だと言えるものもないからである。(9)

しかし、明らかに、以上の考察では、説得を最も必要としている人々を説得するのに不十分だろう。そこで、〔自由によって〕発展を遂げた人々は、そうでない人々にとっても何かしら役立つところがある、ということをさらに示す必要がある。つまり、自由を願望しているわけではなく自分で自由を活用する気もない人々に対して、妨げられることなく自由を活用することを他の人々に許容すれば、目に見える何らかの形で報われるところがある、ということを指摘する必要がある(10)。

最初に私が論じておきたいのは、自由を活用しようとしない人々でも、おそらくは、自由を活用する人々から何か学ぶところがある、ということである。独創性が人間生活の中で価値ある要素であることは、誰も否定しないだろう。いつでも必要な人というのは、新しい真理を発見する人や、以前は真理だとされていたものがもはや真理ではないことを指摘する人だけではない。新しい営みを始める人、より賢明な行為について模範を示してくれる人、それに、人間生活における趣味やセンスのいっそうの良さという点で模範を示してくれる人も必要である。世の中のしきたりや慣行がすでに完成の域に達しているとは思っていない人であれば、このことは否定できないだろう。

たしかに、こうした貢献は、誰もが同じようにできるものではない。他の人々にも取り入れられて、すでに確立している慣行への改善につながりそうな試みをする人は、人類全体に比べれば、ほんの少数しかいない。しかし、こうした少数の人々は、地の塩(11)である。彼らがいなければ、人間生活はよどんだ水たまりになってしまう。以前にはなかったすぐれた物事を導入するのは彼らである。そればかりではない。すでに存在している物事の生命を守っているのも彼らなのである。もし、新たに行なうべきことが何もなくなったら、人間の知性は必要なくなってしまうのだろうか。それは、昔から行なわれていることに携わる人が、なぜそうしているのかを忘れてしまい、その携わり方が人間ではなく家畜のようになっていることの言い訳になるのだろうか。

最善の信条や慣行が機械的なものに堕落していく傾向は、この上なく大きなものになっている。伝統だけが信条や慣行の根拠になるのを防いでいるのは、くり返し登場してくる独創性である。独創性をそなえた人々が連続して現われなければ、このように死んだも同然になっているものは、ほんのわずかな衝撃が本当に生きている何かから加わるだけで、持ちこたえられないだろう。文明が、ビザンチン帝国の場合のように、滅亡してしまうことなどないと言える理由もなくなるだろう。

たしかに、天才的な人々はほんの少数であるし、いつでもそうだろう。しかし、彼らを存在させるためには、彼らが育つ土壌を保つ必要がある。天才が自由に呼吸できるのは、自由な空気の中だけである。天才は、天才というこの言葉の意味からして、他の人々よりも個性的である。そのため、天才の場合、他の人々以上に、性格を作り上げる面倒を省くために社会が提供している少数の鋳型のどれかにはめ込もうとすると、圧力がかかって傷つけてしまいやすい。天才たちが臆病さのためにこうした鋳型の一つに押し込められることに同意して、圧力の下では発展できない自分の一部をそのままにしておくのであれば、社会は、彼らの才能からほとんど何も得られないだろう。また、天才たちが強い性格の持ち主で、束縛を断ちきってしまう場合には、彼らを凡人に引き下ろせなかった社会から狙い撃ちにされて、「乱暴」とか「奇矯」などといった言葉で厳しく警告されることになる。あたかも、ナイアガラ川に向かって、オランダの運河のように両岸のあいだを穏やかに流れていない、と文句をつけているのと、同じような話である。

こういうわけで、天才の重要性と、天才が思想と行動の双方で自由に発展していくことを許容する必要性を、私は大いに力説しておく。なぜなら、この見解を理論上は誰も否定しないことはよくわかっているが、しかし現実には、ほとんどすべての人がこの見解に無関心であることもわかっているからである。人々は、感動的な詩を書いたり画を描いたりできるのであれば、そういう天才は素晴らしいと思っている。しかし、天才という言葉の本当の意味では、つまり、思想や行動の独創性という意味では、天才は賞賛すべきものではないと誰も口に出しては言わないものの、ほとんどすべての人が、内心では、天才なしでも十分にやっていけると思っている。残念ながら、こういう考え方になるのは、ごく当たり前のことで、驚くには当たらない。独創性とは、独創的でない人々が効用を感じることのできないものだからである。彼らは、独創性が自分たちにとって何の役に立つのかがわからない。彼らには、わかりようもないことである。何の役に立つのかが彼らにわかるのであれば、それは独創的なものではないだろう。独創性がこうした人々に何よりも最初にしてやらなければならないのは、彼らの目を開かせることである。これがいったん十分に行なわれれば、彼ら自身が独創的になる可能性も出てくるだろう。そうなるまでは、誰かが最初に取り組まなければ、何事も行なわれるようにはならなかったのであり、現に存在する有益な物事はすべて、独創性の成果であることを想い起こして、彼らには大いに謙虚になってもらうしかない。つまり、彼らには、達成すべき何事かがまだ独創性に残されていると考え、独創性の欠如に自分たちが気づかないときほど、自分たちは独創性をいっそう必要としているのだ、と得心するぐらいに十分に謙虚になってもらう、ということである。(12)

本物の精神的卓越、あるいは精神的卓越だと思われているものに向けて、どんな賛辞が表向きに語られ、捧げられることすらあるとしても、本当のところをありのままに言えば、世の中全体としては、凡庸さが人々の中での支配的な力になっていく一般的傾向にある。古代でも中世でも、個人はそれ自体が一つの力だった。また、すぐれた才能や高い社会的地位を持っていれば、個人はかなり大きな力だった。この力は、封建時代から現代に至るまでの長い移行期をつうじて徐々に弱まってきた。現在では、個人は群衆の中に埋没している。政治の場では、今や世論が世の中を支配しているなどと論じても、ほとんどわかりきった話になっている。力という言葉に唯一ふさわしいのは大衆の力であり、大衆の傾向や本能を伝える機関となっている場合の政府の力である。大衆の力がこのようなものだということは、公的な仕事について当てはまるばかりでなく、私生活の場での道徳的社会的関係についても当てはまる。世論《パブリック・オピニオン》という名称で通用している意見の持ち主は、必ずしもつねに、同じ種類の公衆《パブリック》ではない。アメリカでは白人の全員であり、イギリスでは主に中流階級である。しかし、彼らはつねに大衆であり、言いかえれば、凡庸な集団である。また、目新しい点としていっそう重要なのは、大衆の意見のよりどころである。それは、今では教会や国家のお偉方ではないし、指導者風の人物でも書物でもなくなっている。

大衆の思考は、大衆によく似た人たちによって代行されている。こういう人たちが、その時々の勢いに乗って、新聞を媒体にしながら大衆に向かって語りかけたり、大衆の名を借りて語ったりしているのである。

私は、こういう現状について愚痴を言っているのではない。現在のような人間精神の低劣な状態でも、ふつうなら、これよりもずっとまともな何かが同時にありうるはずだ、と言い張っているわけではない。しかしそれにしても、このままでは、凡庸な人々による統治が凡庸な統治になることは防げない。民衆全般が統治したり貴族階級が大人数で統治したりする場合は、政治行動の点でも、あるいは、この統治によって促進される意見や資質や知的傾向といった点でも、凡庸を超えることはなかったし、超えようにも超えられなかった。例外は、高度な才能を持ち高度な教育を受けた一人あるいは少数の人の助言と影響によって導かれることを、主権を持つ多数者が受け容れている場合に限られていた(こうした統治の最善の時期には多数者がつねに受け容れていたことである(13))。

賢明な物事や高貴な物事はすべて、個人から始まるのであり、そうならざるをえない。最初に始めるのは、誰か一人の個人であるのがふつうである。平均的人間にとって名誉であり誇れる点は、そうした第一歩について行けるということであり、賢明で高貴な物事に心から応えることができ、目を開いてそうした物事への導きに従うことができるということである。

天才的な強者が力ずくで世の中の支配権を奪い取り、世の中の意向などお構いなしで自分の命令通りに従わせることをたたえる、といったような「英雄崇拝」は、私の支持するところではない(14)。こういう人物が要求できるのは、道を指し示す自由だけである。その道へと人々を強制する権力は、強者以外の全員の自由や発展と両立しないばかりでなく、強者自身を堕落させるものでもある。

とはいえ、平均的でしかない人々からなる大衆の意見が、至るところで支配的な力になっている、あるいはなりつつあるときに、そうした傾向と張り合ってそれを是正するのは、卓抜した思想を足場としている人々の際立った個性だろう。何にもまして特にこういう状況においてこそ、例外的な個人が大衆とは異なった行動をとることは、妨げるのではなく奨励すべきなのである。昔は、このような例外的な個人のすることは、大衆のすることと異なっているばかりではなく、いっそうすぐれてもいる、ということでなければ、何の利点もなかった。今の時代は、順応していないという例を示すだけでも、つまり、慣習に屈服するのを拒むだけでも、一つの貢献となる。奇矯であることを世論の専制が非難するようになっているからこそ、この専制を打ち破るために人々は奇矯である方がよいのである。強い性格の人が多かったときはいつでも、奇矯な人も多かった。社会の中での奇矯な人の多さは、たいていは、社会の中にある天才的才能や知的活力や道徳的勇気の多さに比例していた。今ではあえて奇矯であろうとする人は非常に少ない。そのことが、現代における最大の危険を特徴づけている(15)。

慣習からはずれている物事にできる限り幅広い自由を与えておくのが重要なのは、そうした物事のうち、どれを慣習に取り入れるのがふさわしいのか、後になってはっきりわかるようにするためだ、と私は論じてきた。しかし、行為の自主性や慣習にとらわれないことが推奨に値する理由は、いっそうすぐれた行為のあり方や社会全般が取り入れるのにいっそうふさわしい慣習を見つける機会が得られる、ということだけではない。また、自分の流儀で生きていくことを正当に要求できるのは、精神面ですぐれていることが歴然としている人に限られるわけでもない。どんな人間に関してであれ、人間を一つのひな形とか少数のひな形とかに合わせて作り上げてよい、とする理由はない。適度の常識や経験を持っている人であれば、自分の流儀で生き方を組み上げるのが最善である。そうであるのは、その生き方自体が最善だからということではなく、それが本人自身の生き方だからである。人間は羊のようなものではない。それに、羊にしたところで、見分けられないほどたがいに似ているわけではない。自分にぴったりのコートや長靴を手に入れることができるのは、コートや長靴が自分の寸法に合うように作られているか、倉庫一杯になるぐらいに持っていてそこから選べる場合だけである。人生を自分に合ったものにすることは、コートを自分の寸法に合わせることほど簡単ではない。それにまた、人間どうしで、足の形よりも身体や精神のでき具合全体の方が、たがいによく似ている、ということでもないだろう。

すべての人間を一つの鋳型にはめようとすべきでない理由として、人々の好みの多様性ということしかなかったとしても、これだけで十分な理由である。しかし、さらに言えば、それぞれに異なっている人々は、自分の精神的発展のためにそれぞれ異なった条件を必要としている。だから、全員が同一の精神的な空気や環境の中で元気に生きていく、というのは無理な話である。多様な植物のすべてが同じ自然の空気や環境の中では元気に生きていけないのと同じことである。ある人の資質をいっそう高めるような陶冶に役立っている物事でも、別の人にとっては障害になる。ある人にとっては健全な刺激となり、行為や物事を楽しむための能力すべてを最善の状態に保つ生き方だったとしても、その生き方は、別の人にとっては、内面生活を中断させたり押しつぶしてしまうような悩ましい重荷になったりする。楽しみをもたらしてくれるもの、苦痛への感受性、種々異なった身体的な作用や精神的な作用から受ける影響といった点で、人々のあいだの違いはこれほどまでに大きい。したがって、それぞれの生き方の中にも相応の多様性がないと、誰が見ても穏当と言える程度の幸福が得られなくなるし、知的能力や道徳的能力や美的能力も、本人の天性が到達できるところまで伸びていかない。だから、ある特定の好みや生き方を支持している人々の多くが、それらを他の人々も黙って受け容れるよう要求していても、社会全般の感情という次元での寛容ということで言えば、寛容の対象をそのような特定の好みや生き方に限定してはならないのである。

好みの多様性をまったく認めないところは（修道院のような施設は別として）どこにもない。ボートを漕いだり、煙草を吸ったり、音楽を演奏したり、身体を鍛錬したり、チェスやトランプをしたり、勉強したりといったことに関しては、好きでも嫌いでも、誰からもとがめられることはない。なぜなら、こうしたことが好きな人も嫌いな人も、抑え込むにはあまりにも人数が多いからである。ところが、誰かがある人に対して、「皆がしていないこと」をしている、あるいは「皆がしていること」をしていない、と非難できる場合は、非難された側の人は、男性以上に女性の場合に言えることだが、何か重大な道徳上の逸脱行為をしたかのような酷評の標的にされてしまう。自分の評判を損ねることなく、自分の好きなことをするという贅沢に、わずかばかりでも耽ることができるようになるためには、肩書きや地位を表わす何か別のしるしや、地位のある人々に一目置かれることが必要なのである。わずかばかりでも耽る、というところはくり返し言っておこう。なぜなら、大いに耽ってしまうと、酷評どころでは済まない何かもっと悪いことが起こりかねないからである。つまり、精神鑑定にまわされて、財産が取り上げられ親族に引き渡される、といった危険に直面するということである。*

*〔原注〕近年になって、一定の証拠があれば、本人に生活能力のないことを裁判手続によって宣言できるようになり、また、本人の死後も、本人の財産自体に課されることになる裁判費用がその財産で十分にまかなえる場合には、本人が決めていた財産処分も無効にできるようになったが、こうした手続の証拠たるや、実にいいかげんで驚きを禁じ得

ないものである。本人の日常生活の細々としたことすべてが詮索されたあげく、物事を見定め説明する能力がほとんどない人間の目で見るとこうなるのか、ということになる。つまり、ごくごく平凡なものと違って見える物事が見つかれば、どんなものであれ、精神錯乱の証拠として陪審員の前に示され、たいていは証拠として採用されてしまうのである。陪審員も、俗悪で無知という点では、証人とほとんど変わらない。判事はと言えば、イギリスの法律家はこんなものかとわれわれをいつも驚かせているように、人間の性質や生活に関する知識が並外れて欠如していて、陪審員を誤った方向に導くことも多い。こうした裁判は、人間の自由に関する大衆の感情や意見の状態をはっきりと示している。判事や陪審員たちは、個性の価値をまったく認めていない。つまり、本人の判断や好みに任せてよいと思われるような、正不正にかかわりのない問題で行為する各人の権利を、まったく尊重していない。そのため、彼らは、正気の人間がそのような自由を望む場合がありうる、と考えることすらできないのである。昔は、無神論者が火あぶりにされそうになったときには、慈悲深い人が代案として、狂人を収容する施設に送ることを提案したものである。今日、同じことが行なわれ、そうしている人が自画自賛しているのを目にしても驚くにあたらないだろう。彼らが自画自賛している理由は、宗教的な迫害をする代わりに、これらの不幸な人々に対して人道的でキリスト教的な扱い方をしたところにある。しかし、彼らとしても、これらの人々がこれで相応の報いを受けたことには、口には出さないが満足を感じていなくもないのである。

現在の世論の方向が持っている一つの特徴は、個性が際立って示されることに対して、とりわけ不寛容になりがちだということである。一般の平均的な人々は、知性の点で人並みであるばかりでなく、好みも人並みである。彼らは、並外れたことをしたいと思うほど強い好みや願望を持っていない。だから、強い好みや願望を持つ人を理解しないし、そうした人をすべて、ふだんから軽蔑している粗野で節度のない連中と同類に見てしまう。

ところで、この一般的事実に加えて、道徳の改善に向けた強力な動きが始まっていることを考慮に入れるだけで、今後がどうなると予測すべきかは明らかである。今のところは、このような動きは始まったばかりだが、行為の画一化を進め、行き過ぎを抑えるという点では、実際にかなりの成果をおさめている。また、博愛主義的な精神が広まっていて、この精神を発揮する分野としては、自分たちの同胞の道徳や思慮の面での改善ほど魅力的な分野はない。現在のこうした傾向のために、過去のほとんどの時代と比べて、社会は行為の一般的なルールを定めることに積極的で、一つの承認済みの基準にすべての人を順応させようとしている。明示的なものであれ暗黙のものであれ、その基準とは、何事も強く願望しないということである。この基準が理想としている性格は、際立った性格を持たないことである。つまり、人間的性質のうちで特に目立っていて、本人を平凡な人々と著しく違った姿にしている部分すべてを、中国の貴婦人の纏足《てんそく》のように圧迫して潰してしまうことである。

望ましいものの半分を排除した理想にありがちなことだが、現在の評価の尺度では、理想の残り半分を拙劣に模倣することにしかなっていない。結果としてもたらされているのは、活発な理性に導かれた豊かな活力と、良心的な意志によって強固に統制された強い感情ではなく、弱々しい感情と弱々しい活力である。そういう感情や活力だから、意志や理性の力強さを欠いたまま、規則に順応しているかのような外見を保っていられるのである。

活力を大いにそなえている性格といったものは、もはや昔話にすぎなくなりつつある。今のイギリスでは、実業《ビジネス》以外に活力のはけ口はほとんどない。そこで費やされている活力は、依然として相当な量だと考えてよい。そこで使われた後に残るわずかな分は、何らかの趣味に使われる。役に立つ趣味の場合もあるし、慈善に貢献する趣味の場合もあるだろうが、しかし、つねに何か一つに限られていて、たいていはささやかな規模のものである。イギリスの偉大さは、今では、すべて集団的なものである。個人は弱小である。イギリス人は、団結の習慣によって、偉大なことができるように見えているだけである。イギリスの道徳や宗教の分野での博愛主義者たちは、これで完全に満足している。しかし、イギリスをここまでにしてきたのは、これとは異なった種類の人々である。イギリスの没落を防ぐためにも、異なった種類の人々が必要になるだろう。

習慣の専制は、あらゆるところで、人間の発展をつねに妨害していて、習慣的なもの以上のすぐれた何かをめざす志向に絶えず敵対している。この志向は、状況次第で、自由の精神と呼ばれたり、進歩の精神とか改善の精神と呼ばれたりする。

改善の精神は、必ずしもつねに、自由の精神であるわけではない。なぜなら、改善の精神は、国民が乗り気でないのに、彼らに改善を強要しようとする場合もあるからである。自由の精神は、こうした企てに抵抗する限りでは、部分的かつ一時的に、改善の敵と同盟することもある。しかし、改善を着実にもたらす唯一のものは自由である。なぜなら、自由によって、改善の拠点は、個人と同じ数にまで増やすことができるからである。しかし、〔改善と自由が対立することもあるにせよ〕進歩の原理は、自由への愛という形であっても、改善への愛という形であっても、慣習の支配には対立し、少なくともその束縛からの解放にかかわっている。そして、進歩と慣習とのあいだの抗争は、人類の歴史の中で特に興味をそそる点である。世界史の大部分が、正確に言えば歴史ではないのは、習慣の専制が完璧なためである。

東洋全体がこのようになっている。東洋では、万事において、最後は慣習が決め手になる。正義や公正が意味しているのは、慣習に従う、ということである。権力を手にして舞い上がっている暴君でもない限り、慣習という論拠に誰も抵抗しようとは考えない。その結果は見ての通りである。

東洋の諸国民も、以前は独創性を持っていたにちがいない。最初から、人口に富み識字力があり生活技術の多くに熟達していた状態だったわけではない。彼らは自分自身でこれらすべてを達成し、当時は世界の中で最大にして最強の国民であった。その彼らは、今はどうなっているだろう。他の諸民族〔西洋の諸民族〕の臣民や従属民になっている。東洋の諸国民が壮大な宮殿や豪華な寺院を構えていた頃、他の諸民族の祖先たちは森林を放浪していた。とはいえ、彼ら〔西洋の諸民族〕の場合、習慣の支配は一部にとどまり、自由と進歩も同時に支配していたのである。ある国民が一定期間は進歩していても、その後、立ち止まってしまうのを目にすることがある。それはいつか。その国民が個性を持たなくなったときである。

ヨーロッパの諸国民が同じ変化〔個性の喪失〕に見舞われたとしても、それは、東洋の場合とまったく同じ形にはならないだろう。ヨーロッパの諸国民を脅かしている習慣の専制は、正確に言えば、万事が停止してしまう状態ではない。ヨーロッパにおける習慣の専制は、特異であることは禁ずるにしても、全体が足並みをそろえた変化であれば、変化を妨げたりはしない。われわれは、ずっと変わらないままだった祖先の服装はもうやめている。依然として誰もが他の人と同じような服装をしなければならないとはいえ、流行は年に一度か二度は変わるだろう。このように、われわれが気にかけているのは、変化それ自体を目的にした変化が起きることである。美しさや快適さについての考え方に由来する変化が起こることではない。なぜなら、美しさや快適さについての同じ考え方が世間全体で同時に受け容れられることはないし、また、別の時点ですべての人が同じ考えを同時に捨て去る、ということもないからである。

もっとも、われわれは変化できるばかりでなく進歩的でもある。われわれは絶えず、機械関連の新しい発明をしているし、もっとよいものに再び取って代わられるまではそれらを維持している。われわれは、政治や教育の改善に熱心である。道徳に関してすら、われわれ自身と同じように他の人々も善良になるように説得したり強要したりすることが改善の主要部分だと考えてしまうところがあるとはいえ、ともかく改善に熱心である。われわれが反対しているのは進歩ではない。むしろ、われわれは、史上最も進歩的な国民だとうぬぼれているぐらいである。

われわれが敵に回して闘っているのは、個性なのである。自分たちを全員そっくりなものに変えられたら、驚くべき大成功だと、われわれは考えるだろう。たいていは、何よりもまず自他の似ていないところこそが、自分自身のようなタイプの不完全さや他の人のタイプのすぐれた点を気づかせてくれ、さらにまた、両方の長所を合わせてどちらよりもすぐれたものを作り出す可能性を気づかせてくれるのだが、その点を忘れているのである。

中国の例はわれわれに警告を与えている。才能に富み、あれこれの点で英知もそなえていたこの国民は、たぐいまれな幸運のおかげで、はるか昔の時代から、とりわけすぐれた一連の慣習を持っていた。この慣習を作り出した人々に対しては、ヨーロッパの最も見識ある人ですら、一定の留保つきではあるものの、賢人や哲学者という称号を与えるにちがいない。さらに、この国民は、すぐれた仕組〔科挙の制度〕を作り出した点でも際立っていた。この仕組によって、可能な限り、社会のすべての人々に自国の最高の学問を学ばせ、この学問を最もよく身につけた人々が確実に名誉と権力のある地位に就けるようにしたのである。こういうことを成し遂げた国民は、間違いなく人間の進歩の秘訣を発見していたのであり、世界の動きの中で最先端の位置を確保していたはずである。ところが、その彼らが停滞してしまった。何千年ものあいだ、停滞したままである。もし彼らが、さらなる改善に向かうことができるとすれば、それは外国人たちによるものにならざるをえないだろう。イギリスの博愛主義者たちがあれほど熱心に努力している点で、つまり、国民全員をたがいに似たものにし、同じ原則や規則によって国民の思想や行為を全面的に支配するという点で、中国の国民は望外の成功をおさめた。そして、その結果がこれなのである。現代の世論の支配体制は、組織の形をとらないままで、中国の教育や政治の体制が組織的に行なっていたことを実現している。こうした束縛に対抗して個性が自己主張することに成功しなければ、ヨーロッパは、立派な祖先がいてキリスト教を信仰していたとしても、もう一つの中国になっていくだろう。

ヨーロッパがこれまでのところ、この運命に陥らずに済んでいるのは、なぜだろうか。何があって、人類の中で、ヨーロッパの諸国民は停滞せずに向上してきたのだろうか。彼らの中に何か抜きん出てすぐれたものがあったからではない。すぐれたものが存在するとしても、原因としてではなく結果としてである。原因は、性格と教養の面での顕著な多様性だった。個人も階級も国民も、それぞれが非常に異なっていた。いずれも、きわめて多様な道を歩んでおり、どの道も何か価値あるものへと通じていた。いつの時代も、異なった道を歩んだ人々はたがいに不寛容だったし、自分たち以外の人もすべて自分たちの道を進むよう強制できたら素晴らしいと思っていただろうが、他の人々の発展を妨害する企ては持続的な成功をおさめることはなく、やがて、他の人々が示している利点を取り入れても平気でいられるようになったのである。私の考えでは、ヨーロッパが進歩と多面的な発展を遂げてきたのは、進路がこのように数多くあったことに全面的によっている。

しかし、すでに、ヨーロッパのこの強みはかなり失われ始めている。ヨーロッパは、すべての人々を画一化するという中国の理想に向けて決定的に進んでいる。トクヴィル氏は、最近の重要な著書(16)の中で、今日のフランス人は、一世代前と比べても、どれほどたがいに似通っているかを論じている。イギリス人については、同じことが、さらに輪をかけて言えるだろう。ヴィルヘルム・フォン・フンボルトは、先に引用した一節で〔本書一二九頁〕、人々をたがいに似ていないものにすることが必要だという理由から、人間の発展にとって必要な条件を二つ指摘している。その二つとは、自由と、境遇の多様性である。これらのうち二つ目の条件は、イギリスでは日々、先細りしている。それぞれに異なった階級や個人をとりまき、彼らの性格を形成している環境は、日々、いっそう似たものになりつつある。以前は、異なった身分、異なった地域、異なった仕事や職種の人々が、それぞれ別世界とでも呼べるようなところで暮らしていた。これらの人々は、今ではかなりの程度、同じ世界に暮らしている。以前と比べると、今では人々は同じものを読み、同じことを耳にし、同じものを見て、同じところに出かけ、同じ対象に希望や恐怖を感じ、同じ権利や自由を持ち、それらを主張するための同じ手段を持っている。境遇の違いとして残っているものが、まだかなりあるとしても、違いがなくなっているものと比べれば、ないに等しいほどである。

しかも、こうした同一化は依然として進行している。現代の政治面での変化はすべて、同一化を促進している。なぜなら、それらの変化はすべて、低いものを高め、高いものを低める傾向にあるからである。教育の拡大もすべて同一化を促進している。なぜなら、教育は、人々を共通の影響下に置き、諸々の事実や感情をまとめて集めた収蔵庫を人々が利用できるようにするからである。交通手段の改良も同一化を促進している。たがいに離れた場所の住人たちの直接的な接触をもたらし、住人たちが一つの場所から別の場所に迅速に住み替えられる状態を持続させるからである。商工業の発展も同一化を促進している。快適な環境の利便性が普及し、最高レベルの野心まで含めてあらゆる野心が、社会全体に広がった競争の場に解き放たれて、そのために上昇志向がもはや特定の階級に限られずにすべての階級の特徴になるからである。以上のどれよりも強大な力として、人々のあいだで同一化を普及させている要因は、イギリスやその他の自由諸国で、国家における世論の優位が完全に確立していることである。種々の社会的地位の高さに守られて大衆の意見を無視できた人々もいたが、そのような地位は、徐々に低まりつつある。一般の人々が意思を持っているとはっきりとわかる場合に、その意思に抵抗しようなどという考えそのものが、現場の政治家たちの頭の中からますます消えていっている。順応を拒否する立場への社会的な支えはどここにもない。社会全般とは異なる意見や好みの保護に関心を持っていて、自分から進んで数の支配に反対するような社会的力は、実質のある力としては存在していない。

以上の原因すべてが合わさり、個性に敵対する非常に巨大な影響力が形成されたため、個性がどのようにして踏みとどまれるのかを見通すのは容易でない。社会の中の聡明な部分に個性の価値を実感してもらえなければ、見通しはさらに厳しくなる。たとえ改善のためでなくても、むしろ、悪化につながるように見えるとしても、諸々の相違があるのは望ましいことだと彼らに理解してもらえなければ、そうなるだろう。

個性を要求すべきなのは、まさに今である。強制的な同化を完成させるには、まだ多くが欠けているからである。個性の侵害に対する何らかの抵抗が成功可能なのは、初期の段階に限られている。他のすべての人を自分たちに似たものにせよという要求は、その要求を増長させているもの〔社会の中で進行している種々の変化〕のために、ますます強くなっていく。生活が一つの画一的な型にほとんどはまってしまう時点まで抵抗を先延ばしすると、その型からの逸脱はすべて、不敬虔で不道徳とみなされ、醜怪で本性に反したものと見られることにすらなる。人間は、多様性をしばらく見慣れないままでいると、すぐに、多様性を思い浮かべられなくなってしまうのである。

第四章　個人に対する社会の権力の限界について

それでは、何が、個人の自分自身に対する主権の正当な限界になるのだろうか。社会の権力はどこから始まるのだろうか。人間生活のどこまでが個人に帰属すべきで、どこまでが社会に帰属すべきなのだろうか。

特に個人にかかわる部分は個人の持ち分とし、特に社会にかかわる部分は社会の持ち分とすれば、個人も社会も適切な持ち分を得ていることになるだろう。生活の中で、主に個人の利害に関係する部分は個人に帰属し、主に社会の利害に関係する部分は社会に帰属していればよい、ということである。

社会は契約にもとづいて作られてはいないし、社会的義務の起源は契約にある、といった作り話をしても意味はない。とはいえ、社会による保護を受けている人は誰でも、その利益に報いるべきであり、また、社会の中で生活しているという事実からして、各人は他の人々に対し、行為の面で一線を守る義務を負うべきである。

各人の行為は、第一に、相互の利益を侵害するものであってはならない。つまり、法律の明文あるいは暗黙の了解のいずれかによって権利とみなされるべき一定の利益を侵害してはならない。第二に、各人は、危害や妨害から社会やその構成員を守るために必要な労苦や犠牲を〔何らかの公平な原則によって定められた形で〕分担しなければならない。これらの条件を免れようとする人に対しては、社会はなんとしても条件を守るよう強制してよい。社会がしてよいことはこれだけではない。個人の行為は、他人の法的権利までは侵犯しなくても、他人につらい想いをさせたり、他人の幸福に対して当然すべき配慮を欠いたりすることがある。こういう行為をする人に対しては、法律上の処罰はよくないとしても、世論〔社会的非難〕による処罰なら正当だろう。ある人の行為の何らかの部分が他の人の利益に有害な影響を与えるやいなや、社会はその行為について判断を下す権限を持つことになる。そして、この行為に干渉することで社会全般の利益が促進されるのか、されないのかをめぐる議論が始まるのである。

しかし、ある人の行為が他の人々の利益を損なわない場合、あるいは、他の人々の側が〔その人とかかわり合いを持つことを〕望まなければ利益を損なわれずに済む場合は

（かかわり合いを持つことになる人たち全員が成人に達していて、通常の理解力を持っている限りでの話だが）、このような問題〔社会による干渉の必要性〕を考える余地はない。こういう場合にはいつでも、行為しその結果を引き受ける完全な自由が、法的にも社会的にもあるべきである。

この主張は利己的無関心を説いている、と考えるのは大きな誤解である。他人の生活の営みなどどうでもよいとか、自分の利益に関係がなければ、他人の繁栄や幸福を気遣わなくてよい、と主張しているわけではない。自分以外の人々の幸福を高めようとする無私の努力は、減少させるのではなく、大いに増大させる必要がある。しかし、幸福に向かうよう損得抜きの善意から人々を説得するためには、文字通りにせよ比喩的にせよ鞭《むち》とは違う、別の手段を見つけることができる。私は、行為者本人に関する徳[1]を、けっして軽視してはいない。それは重要性という点で二番目になるとしても、〔最も重要な〕社会的な徳[2]と比べれば二番目になる、ということでしかない。これら二つを涵養することは、いずれも同じように教育の仕事である。しかし教育ですら、効果をあげるには、強制だけではなく説得し納得させることも必要である。また、教育の時期が過ぎた後で、行為者本人に関する徳を教えるには、説得し納得させることによるしかない。すぐれたものと劣悪なものとを見分け、すぐれたものを選び劣悪なものを避けるよう励ます、という点で人々はたがいに助け合うべきである。いつもたがいに刺激し合い、次元の高い能力をより多く用いるようにすべきであるし、また、感情や意図の向かう目標や企てが、愚かなものではなく賢明なものに、つまり、堕落させるものではなく向上させるものに、今まで以上に導かれるようにすべきである。

しかし、成年に達している人に対して、その人が選んだ生き方ではその人の利益にならないからそうした生き方をするな、と命じる権限は、一人だろうが何人だろうが誰にもない。その人自身の幸福に最も関心を持つのは、その人本人である。この点に関して他の人々が持ちうる関心は、強い個人的な愛着がある場合を別として、本人に比べて些細なものでしかない。社会が個人に対して持つ関心は(他人に向けられた行為の場合を除いて)(3)断片的で、まったく間接的なものである。他方で、ごくふつうの男性でも女性でも、自分の感情や環境を知ることにかけては、他人がまったく太刀打ちできないほどの手段を持っている。本人だけにかかわる物事について社会が干渉し、本人の判断や目的設定を覆すときには、その根拠は一般論的な推測にならざるをえない。その推測が完全に誤っていることもありうる。また、たとえ正しくても、個々の事情に通じていないという点では傍観者と変わらない人が、個々の事例に誤って適用してしまうこともあるだろう。だから、人間生活のこの部分こそ、個性の本来的な活躍の場なのである。人間相互の行為の場合は、〔相手の行為として〕何を予測しておくべきかがわかるようにするために、〔相互的な行為に関する〕一般的な規則がおおよそのところで守られている必要がある。しかし、自分自身にかかわる事柄の場合は、各人は個人としての自発性を自由に発揮してよい。本人に対して他人が、判断の助けになる意見や、意思を強固にする勧告を与えることは許されるし、強く言うことさえ許されるだろう。しかし、最終的に判断するのはその人自身である。他人がその人のためになると思っていることをその人に強制するのを許す場合、その弊害は、忠告や警告に背いてその人が犯しうる誤りのどれと比べても、はるかに深刻である。

ある人物を他の人が見て抱く感情は、その人物自身にかかわる資質や欠陥にどうあっても左右されてはならない、と私は言っているのではない。そんなことは不可能であるし、望ましくもない。本人の幸福につながる資質という点で卓越しているのであれば、それに応じて、その人は賞賛の対象にふさわしい。その人はそれだけ、人間としての理想的完成にいっそう近づいているのである。このような資質〔その人自身にかかわる資質〕に大きな欠陥がある場合には、賞賛とは反対の感情が生まれてくる。愚かさとか、堕落しているとか低劣だと言われかねない好み〔こういう言い方には異議もありえるだろうが〕[4]とかをはっきり示している人がいたとしても、その人に危害を加えることは正当化できない。とはいえ、程度によっては嫌ったり、極端な場合は軽蔑したりしても、やむをえないことであるし、そうして当然なこともある。当人と正反対の性質が強い人であれば、そういう感情を持たざるをえないだろう。他人に対して不正をしていない人であっても、こちらとしては愚か者あるいは低劣な人物だと判断し感じざるをえない行為をすることがある。このような判断や感情を持たれることは、本人としても避けたいと思うだろうから、他の何か望ましくない結果が本人にもたらされる場合と同じように、あらかじめその行為について警告しても、それは本人のためになることをしているのである。こうした善意からの行動が、現在の礼儀作法の一般的な考え方が許容している以上にもっと自由に行なわれれば、また、ある人が別の人に向かって、あなたは間違っていると思うと率直に指摘しても、不作法だとか僭越だとか思われずに済むのであれば、非常によいことだろう。

われわれが持っている権利は他にもある。ある人に対してわれわれが否定的な意見を持っている場合、その意見に即して、さまざまな形で行為する権利である。この行為は、誰かの個性を抑圧するためのものではなく、われわれ自身の個性が働く中で出てくる行為である。たとえば、われわれには、この人に交友を求める義務はない。われわれには、この人との交友を避ける権利がある(交友を避けることをこれ見よがしに示す権利はないとしても)。なぜなら、自分にいちばん合った交友を選ぶ権利が、われわれにはあるからである。この人の交友相手に対しても、この人の素行を目の当たりにし会話を重ねることで有害な影響がおよびそうだと考えられる場合には、気をつけるよう警告することはわれわれの権利であるし、義務となることもあるだろう。われわれが善意から何かをしてあげる相手を選ぶときも、こういう人の向上につながりそうな物事の場合は別だが(5)、それ以外の場合は、他の人を優先してよいのである。

直接的には自分自身にしかかかわらない欠陥に関しては、本人に対して、以上のようなさまざまな形で非常に厳しい罰が加えられるだろう。ただし、罰が加えられるといっても、それが自然なものである場合に限ってのことである。つまり、罰を加えようと意識してではなく、欠陥それ自体のために自然に行き着いてしまう結果が罰になる、ということである。無分別や頑固さやうぬぼれが見て取れる人、ふつうの収入の範囲内で生活していけない人、有害なことへの耽溺を自制できない人、感情や知性の楽しみを犠牲にして動物的な快楽を追求する人——こうした人は、他の人々から低く評価され、好感を持たれることも少なくなると覚悟しなければならない。しかし、本人はこれについて不平を言う権利はない。このことの例外となるのは、社会的な面で他の人々からの評価に値する格別にすぐれたところがあって、そのために、本人自身にかかわる点での短所に左右されずに、他の人々から厚遇されても当然という状態が確定している場合だけである。

ここで強調しておきたいのは、他の人々による好意的でない判断とどうしても切り離せない不都合がもたらされるのは、一定の場合に限られている、ということである。つまり、自分の行為や性格のうち、自分自身の幸福にはかかわっていても、自分と関係のある他人の利益は害さないものだけがそうした不都合をもたらすのである。他人に危害を加える行為には、まったく別の対処が必要である。他人の権利を侵害すること、自分自身の権利によって正当化できない損失や損傷を他人に与えること、他人とのやりとりで欺瞞や虚言を用いること、他人に対する有利な立場を不公正な形で、あるいは卑劣なやり方で利用すること、さらに、利己心のために他人を危害から守ってやろうとしないこと――これらは道徳的非難に相当するし、重大な場合には、道徳的な報復や処罰を受けても当然である。さらに、これらの行為ばかりでなく、これらにつながるような性向も不道徳と言ってよいし、聞いていて嫌な気分になりそうな非難を受けても当然である。残虐な気質、悪意や陰湿さ、あらゆる情念の中で最も反社会的で醜悪である羨望、本心を偽ったり隠したりすること、つまらない原因で怒ったり些細なことに恨みを持ったりすること、他人を支配するのを好むこと、自分の取り分を超えて独り占めしようとする欲望(ギリシャ人の言うプレオネクシア[6])、他人を貶めて面白がる高慢さ、自分と自分の関心事を他の何よりも重要と考えて疑問の残るあらゆる問題について自分に都合のよい結論を出す自己中心性――これらは道徳的な意味で、悪徳であり悪質で醜い性質そのものであって、先に言及した自分自身にかかわる欠点とは別物である。自分自身にかかわる欠点は、正確に言えば不道徳なものではなく、どんな程度であれ邪悪ということにはならない[7]。それらの欠陥は、ある程度の愚かさとか、人格的尊厳の感覚や自尊心の欠如などの証拠ではあるかもしれない。しかし、こうした欠陥に道徳的非難が向けられるのは、本人が自分自身を大事に扱うことが、自分以外の人に対する義務となっているときに、そうした義務を果たしていない場合だけである。いわゆる自分自身に対する義務は、その義務が同時に、諸々の事情によって他人に対する義務になっていなければ、社会的な義務ではない。自分自身に対する義務という言葉は、思慮分別[8]以上の何かを意味する場合は、自己の尊重あるいは自己の向上を意味している。これらについては、誰も他の人々に対して責任を負ってはいない。なぜなら、そのいずれについても他の人々に対して責任を負わない方が、人間全般にとって有益だからである。

ある人が思慮や自尊心を欠いていて、その当然の結果として尊敬されなくなることと、その人が他人の権利を侵害した当然の結果として非難されることとの区別は、たんなる名目的な区別ではない。その人の行為に対してわれわれがどう感じるか、また、どう対処するかは、いずれも、われわれを不快にしている物事がわれわれの側に制止する権利があると考えているものなのか、それとも、そういう権利がないとわかっているものかで、まったく違ってくる。その人がわれわれを不快にしているのであれば、われわれは嫌悪感を示してよいし、不快の元になっている物事と当人の双方から遠ざかってもよい。しかし、だからといってわれわれは、その人の生活を不愉快なものにしてやる必要があるのだ、などと思ってはならない。思い起こすべきなのは、こういう人はすでに自分の誤りに対する罰をすべて受けているか、いずれ受けることになる、ということである。当人が不手際のために自分の人生を台無しにしてしまっているのであれば、われわれはその不手際を理由にして、さらに追い打ちをかけるようなことはすべきではない。われわれがすべきなのは、この人への処罰を願うことではなくて、この人に対して、自分のふるまいが招きがちな災いをどうしたら避けられるのか、あるいは是正できるのかを示し、それによって罰が軽くなるようにしてやることである。この人はわれわれにとって哀れみの対象であってよいし、おそらくは嫌悪の対象であってもよいが、しかし、怒りや怨恨の対象にしてはいけない。この人を、社会の敵であるかのように扱ってはならない。関心や気遣いを示してこの人に好意的にかかわったりはしないまでも、われわれに許されていると考えてよいこの人への仕打ちは、最も厳しいところでもせいぜい、この人の好きなようにさせておくことである。

人々を個人としてあるいは集団として保護するのに欠かせないルールを破る場合は、話はまったく別である。そうした行為の有害な結果が誰に降りかかってくるかと言えば、行為者本人ではなく他の人々である。社会は、構成員全員の保護者として、こういう行為者には報いを与えなければならない。処罰が目的だとはっきりわかる形で行為者に苦痛を科し、その苦痛が十分に厳しいものであるよう留意しなければならない。今の場合、この人はわれわれの法廷における被告人なのであり、われわれはこの人を裁くよう求められるばかりでなく、われわれ自身が判決で下した刑罰を、いずれかの形で〔法的刑罰か、社会的非難の形で〕執行することも求められる。しかし、こうしたことに該当しない場合は、この人にどんな苦痛も科してはならない。ただし、自分で自分の身を処す自由という、われわれがこの人に認めているのと同じ自由を、われわれの側も行使したことに付随してこの人に苦痛がおよぶ場合は、この限りでない。

ここで指摘しているように、人間生活の中には、本人だけにかかわる部分と他の人々にかかわる部分とがあるが、この区別を認めようとしない人々は多い。社会の一員の行為が、どの部分にせよ、他の成員と無関係ということなど、どうしてありえるのか(と問われることだろう)。人は誰でも、完全に孤立した存在ではない。自分自身に深刻な危害や永続的な危害を与える行為は、どんな行為にせよ、少なくとも近親者にまでは必ず害悪がおよぶし、もっと遠くにまでおよぶことも多い。自分の資産に損害を与えれば、その資産で直接的あるいは間接的に生活が支えられている人々に危害を与えることになるし、また、たいていは、多かれ少なかれ社会全体の資産を減少させることにもなる。本人の身体能力や精神能力が損傷すれば、その人を何らかの程度で自分たちの幸福のよりどころにしている人たち全員に害悪をもたらすことになる。それればかりでなく、他の人々全般に対する義務として果たすべき役割も果たせなくなり、おそらくは彼らの厚意や善意にすがる厄介者になってしまう。そういうことが非常に頻繁になれば、どんな犯罪行為にもまして、社会全体の利益を大幅に損ねることになるだろう。最後に付け足せば、自分の欠陥や愚行が他人に直接の危害を与えない場合でも、それでもやはり(と言われるだろう)、こういう人の実例があることは有害である。だから、その行状を見聞きして堕落したり惑わされたりするおそれのある人々を守るために、こういう人には自己抑制を強制すべきなのだ、ということになる。

ちなみに(と議論が追加されるだろう)、不品行の結果が堕落した個人や無思慮な個人にしかおよばないということが、たとえありうるとしても、思い通りにさせておくことが明らかに不適当な人物を、社会はそのまま放置すべきなのだろうか。本人の意向に反してでも本人を保護するのは、子どもや未成年者の場合には明らかに当然のことであり、そうだとすれば、同じように自分を規律できない成人に対しても、社会は同様に保護を与えるべきではないだろうか。賭博、酩酊、性的放縦、怠惰、不潔などは、法律で禁止されている行為の多くのもの、いや大半のものと同様に、幸福にとって有害であり、進歩を大いに妨げる。そうだとすれば、なぜ法律はこうしたことを、実行可能性や社会の都合と両立する限りで、抑止しようと努めてはいけないのか(と問われるだろう)。さらに、法律の場合には避けられない不完全さを補なうものとして、少なくとも、世論がこうした悪徳に対する強力な取り締まりを実施し、悪徳行為が判明した者には、厳しい社会的刑罰を科すべきではないだろうか。こうしたことには、個性に制限を加えるとか、生活上の新しい独創的な実験の試みを妨げるといった問題は何もない(と主張されるだろう)。防止しようとしているのは、世界が始まってから今に至るまでのあいだ、裁かれ非難されてきたものに限られている。それらは、どんな人の個性にとっても有益ではないし、ふさわしくもないということが、経験によって示されてきたものでしかない。道徳や思慮分別の場合、真理が確証されたとみなされるようになるには、ある程度の時間の長さと経験の豊かさが必要である。求められているのはたんに、過去の世代を破滅に追い込んできたのと同じ危険な場所に、後続する各世代が転落するのを防ぐことでしかないのだ、というわけである。

自分自身に加えられる害悪が、身近な人たちの共感と利害の双方を経由して、その身近な人たちに深刻な影響を与え、また、より低い度合いではあれ、社会全般にも影響することは、私も十分認める。そうした行為によって、自分以外の一人あるいは複数の人たちに対して本人が負っていると言える明白な義務に違反することになる場合は、自分自身に関する事例という区分には当てはまらなくなり、言葉の正しい意味で道徳的非難の対象になる。たとえば、節度のなさや浪費癖のために借金が返せない場合や、同じ原因のために、家族に対して道徳的な責任を負っているのに彼らの扶養や教育ができなくなっている場合、この人物は非難に値するし、処罰をされても当然だろう。しかし、そういうことになるのは、浪費癖のためではなく、家族や借金相手に対する本人の義務違反のためである。家族や借金相手にまわすべきだった金銭が、最も手堅い投資先に転用されていたとしても、道徳的非難に値することに変わりはなかっただろう。ジョージ・バーンウェル(9)は、自分の愛人にまわす金銭を得るために自分の叔父を殺害したが、仮に、商売を始めるためにそうしたのだったとしても、同じように絞首刑に処せられただろう。また、よくある話だが、悪い習慣に耽って家族を悲しませている人物は、不人情や恩知らずという点で非難に値する。しかし、それ自体としては悪質でない習慣を身につけている場合でも、そうした習慣のために、いっしょに暮らしている人たちや、個人的結びつきからその人物に生活を頼っている人たちに苦痛を与えているのであれば、やはり非難に値する。何かもっと重要な責務に強いられているわけでもなく、自分を優先させざるをえない事情ということで正当化できるわけでもないのに、他人の利害や感情にふつう向けるべき配慮をしないのであれば、誰であれ、そういう不作為があった点で道徳的非難を受ける。しかし、不作為をもたらした原因が非難されるというのではないし、本人以外には無関係な点での思い違いが、回り回って不作為につながっていても、そうした思い違いが非難されるというのでもない。同じようにして、純粋に自己に関する行為であっても、それによって社会全体に対して自分が負っている何か明確な責務を果たせなくなっているのであれば、その人は、社会的な罪を犯している。誰も酒に酔っているだけで罰せられるべきではないが、しかし、兵士や警察官は、職務中に酒に酔っていれば罰せられるべきである。要するに、〔自分以外の〕個人に対してであれ、社会全体に対してであれ、明確な損害を与えている場合、あるいは、損害をもたらす明白なリスクを生じさせている場合は、つねに、問題は自由の領域から離れ、道徳や法の領域に移るのである。

しかし、ある行為が社会全体に対する何か特定の義務に違反しているわけでもなく、本人以外に誰か特定できる個人に対して目に見えるような危害を生じさせているわけでもない場合、つまり、人が社会に与える危害がたんに付随的なものでしかなく、推定上の危害と呼んでもよい場合に関して言えば、そうした不都合は、人間の自由というもっと大きな利益のために、社会の側が我慢できる不都合である。成年に達している人々を、自分に対して適切な配慮をしていないとして処罰する際に、その人が自らの社会貢献の能力を損ねるのを防ぐための処罰だという口実をもうけておきながら、社会はそういう貢献を要求する権利までは主張していない、としてみよう。こういう口実で処罰するぐらいなら、本人自身の〔利益の〕ための処罰である方が、まだましだろうと私は思う。とはいえ、弱点を持った人が何か不合理なことをするまで待って、それを理由に法的あるいは道徳的に処罰すること以外に、彼らを合理的な行為のふつうの水準にまで引き上げる手段がないかのような主張にも、私は賛同できない。(10)

社会は、人生が始まった頃の彼らに対して絶対的な権力を持っていた。子ども時代と未成年期の全期間を通じて、社会は、生活の中で合理的にふるまう能力を彼らに身につけさせることができたかどうか、確認しようと思えば確認できたのである。現在の世代は、将来世代の訓練と環境の両方を支配している。たしかに、現在の世代は、将来世代を完全と言えるぐらいにまで賢明で善良にはできない。なぜなら、現在の世代自体が、善良さと賢明さの点で、こうも嘆かわしいまでに不十分だからである。だから、最善の努力をしたとしても、個々の事例では、必ずしもつねに最高度の成功にまで達することはない。とはいえ、全般的にということであれば、現在の世代と比べて、これからの世代を同じレベルに保つことや、わずかながらでも向上させることは、完全に可能である。

社会を構成する人々のうちの相当数が、先々を見越し合理的な配慮をして行動できないような、ただの幼稚な人間に育っていくのを社会が放置しているのであれば、その結果に対する責任は社会自体が負わねばならない。社会には、教育上のあらゆる権限がそなわっている。それだけではない。社会全般に受け容れられている意見という権威は、自分自身で判断を下せない人々に対して、つねに影響を与えるものだが、そういう権威の支配力も、社会は持っている。さらに、自分の知人たちの不興や軽蔑を被る人々には〔厳しい非難や交友の途絶などの〕自然的な罰も降りかかってくるが、これも社会に味方している。これらすべてがありながら、その上さらに、人々の私的な関心事について命令したり服従を強制したりする権力も社会には必要だ、などと言わせてはならない。私的な関心事では、正義と思慮のあらゆる原則にもとづいて、物事の決定は結果を引き受ける本人に委ねられるべきなのである。

行為に影響を与えるために拙劣な手段に訴えることは、他の何にもまして、よりよい手段への信頼を失わせ、そうした手段を損ねることになりがちである。思慮分別や節制への強制を企てても、強制される側の人々が、活発で自立的な性格を作り出す何らかの素材を持っている場合には、彼らは間違いなく束縛に反発する。このような人は、自分の関心事について他人が自分を統制する権利を持っている、などと思っていない。自分が他人の関心事にかかわる危害を加えようとしたら、それを阻止する権利が相手にある、というのとは話が違う、と考えるわけである。そこで、このような人は、簒奪された権力に対しては、面と向かって攻撃を加えることが気概と勇気のしるしだと、安易に考えるようになってしまい、権力が命令するのとは正反対のことをこれ見よがしにするようになる。ピューリタンの狂信的な道徳的不寛容のあと、チャールズ二世の時代(11)に淫猥なことが流行したようにである。

自堕落な人や放埒な人が他の人々に悪い実例を示すことから社会を守る必要があるという主張に関して言えば、たしかに、悪い実例が有害な影響となることはあるだろう。とりわけ、他人に不正を働いてもとがめられない、といった実例はそうだろう。しかし、ここで議論している行為は、他人に不正を働くものではなくても行為者本人には大きな害悪を与えると考えられる行為である。悪い実例から社会を守る必要性を信じている人が、こういう実例は概して〔社会にとって〕有害というよりも有益になるはずだと、どうして考えることができないのか、私には理解できない。なぜなら、こういう実例が、品行の悪さをはっきり示していれば、それが悲惨な結果や不名誉な結果をもたらすこともはっきり示しているからである。当の行為が正当な仕方で批判されれば、ほとんどすべての事例で、同じ結果になるはずである。

しかし、純粋に個人的な行為に社会全体が干渉することへの反対論すべての中で、最も強力なのは、そうした干渉は間違った形で的外れに行なわれる可能性が高い、という議論である。社会道徳という、他人に対する義務の問題に関して、世間一般の意見、言いかえれば圧倒的多数者の意見は、間違っていることがしばしばある。それでもおそらくは、正しい場合の方がより多いだろう。なぜなら、こうした問題に関して人々に求められているのは、自分たち自身の利益を判断することだけだからである。つまり、当の行為が実際に行なわれれば自分たちにどう影響するかについて判断するだけでよいのである。ところが、同じ多数者の意見であっても、本人〔だけ〕にかかわる問題に関する意見となると、それを法律として少数者に押しつけることは、正しい場合もあるだろうが、それとまったく同程度に、間違っている場合もあるだろう。なぜなら、こういう場合の世論とは、せいぜい、自分たち以外の人々にとって何がよいか悪いかについての一部の人たちの意見でしかないからである。そこまで行かないことすら非常に多い。なぜなら、世論の担い手は、自分たちが非難する行為の当事者の意向や事情にはまったく無関心で、そこには目を向けずに、自分たち自身の好き嫌いしか考えないからである。自分が嫌いな行為については自分への危害だと考え、自分の感情を傷つけているとして憤慨する人は多い。たとえば、頑迷な信者が、他の人々の宗教的感情をないがしろにしていると非難されたとき、あの連中だって忌まわしい礼拝の仕方や信仰箇条に凝り固まってこちらの感情をないがしろにしているではないかと言い返した、という話がある。しかし、人が自分自身の意見について抱く感情と、その人がそうした意見を持っているのを不快に思う別の人の感情とは、同列には扱えない。泥棒が財布を盗みたいと思う欲求と、正当な所有者が財布を守りたいと思う欲求とが、同列に扱えないのと同じことである。そして、個人の好みは、その人の意見や財布と同じように、持ち主だけが特別の利害関係を持つものなのである。

白黒をつけにくいあらゆる問題において個人の自由と選択を妨げず、普遍的な経験の見地から非難されてきた行為の仕方だけを控えるよう個人に求める社会——こういう理想的な社会を想像することは、誰にでも簡単にできる。しかし、非難を加えることにそこまで制限を加えるような社会は、これまでどこにあっただろうか。また、どんなときに、社会は普遍的経験にまでわざわざ配慮してくれるというのか。社会は個人的な行為に干渉する際に、社会と異なる行為や意見などとんでもないと考えるだけで、それ以外の点を考えることはめったにない。しかも、この判断基準は、見えすいた偽装を施した上で、道徳論者や思想家全体のうちの九割が、宗教や哲学の命ずるところだと人々に教えている。こういう論者たちが説いているのは、物事は正しいから正しいのだ、正しい感じがするから正しいのだ、ということである。われわれ自身と他のすべての人々を拘束する行為規範は、われわれ自身の知性と心情の中に探し求めるよう、彼らは命じる。弱い立場の世間一般の人々は、こういう教えを取り入れて、善悪に関する個人的感情が自分たちのあいだでおおむね一致していれば、それを世の中全体が義務として従うべきものとするしかないだろう。

ここで指摘している弊害は、理論の中だけに存在しているのではない。そこで、次に来るのは、現代イギリス社会の人々全般が自分自身の好き嫌いに道徳規範の性質を与えている具体例の提示だ、という期待もおそらくあるだろう。しかし、私が今ここで書いているのは、現在の道徳感情が常軌を逸していることについての論文ではない。道徳感情のそうした問題は、ちなみに、と言いながら例を示す議論で済ませてしまうには、あまりにも重大である。ただそうは言っても、私が主張している〔自由の〕原理の重要性は深刻かつ現実的なものであり、私は想像上の弊害への防壁を打ち立てようとしているわけではないから、そのことを示すという目的のためには、やはり実例が必要である。しかも、道徳的取り締まりと呼べそうなものの管轄範囲は、正当性にまったく疑問の余地のない個人の自由を侵害するところにまで拡大している。これは、人々のあいだに見られる傾向すべての中で最も一般的なものの一つになっており、あり余るほどの実例で示すのは難しくない。

最初の例として、自分たちの宗教のしきたりや、とりわけその禁制を守っていない、といった程度の理由だけで、宗教上の意見が自分たちとは違う人々に対して抱かれる反感について考えてみよう。どちらかと言うと些末な例だが、キリスト教徒の信仰箇条や生活習慣の中で、豚肉を食べるという事実ほど、キリスト教徒に対するイスラム教徒の憎悪をかき立てるものはない。このような空腹の満たし方にイスラム教徒がむき出しの嫌悪感を示しているのに比べると、キリスト教徒やヨーロッパ人の場合には、これにまさるような嫌悪感の対象となる行為はほとんどない。豚肉を食べることは何にもまして、イスラム教を踏みにじることなのである。とはいえ、この事実では、イスラム教徒の反発の程度や種類はまったく説明できない。なぜなら、イスラム教ではワインも禁じられていて、ワインを飲むのは悪いことだとイスラム教徒は思っているが、嫌悪感までは生じていないからである。それとは違って、この「不浄な動物」の肉に対する彼らの嫌悪は特異な性格のものであり、本能的な拒否感に似ている。いったん感情の中に不浄という観念が完全に入り込んでしまうと、几帳面な清潔さが習慣になっていない個々の場合ですら、こういう嫌悪感がつねに生じてくるようである。ヒンズー教徒のあれほどまでに強烈な宗教的不浄の感情は、その顕著な例である。

　そこで、イスラム教徒が大半を占める国民がいて、この多数派が、国内で豚肉を食べることを許してはならないと主張していると想定してみよう。* こうした主張は、イスラム教国では珍しいことではないだろう。これは、世論が持つ道徳的な権力の正当な行使だろうか。もし正当でないとしたら、なぜ正当ではないのか。

＊〔原注〕ボンベイ〔ムンバイ〕のパールシー(12)は、この点で興味深い例である。ペルシャのゾロアスター教徒の末裔であり勤勉で進取の気性を持ったこの種族は、カリフ支配下の故国を逃れてインド西部にたどり着き、牛肉を食べないという条件で、インドの主権者たちから自分たちの信仰を許してもらった。その後、この地域がイスラム教徒の征服者に支配されるようになると、パールシーの人々は、豚肉を食べないという条件で、引き続き自分たちの信仰を許してもらった。当初は権力への服従に付随したことが第二の本性となり、今日に至るまで、パールシーの人々は牛肉と豚肉の両方を食べないようになっている。この二重の禁忌は、自分たちの宗教によって求められたものではなかったが、時代を経る中でこの種族の慣習になった。そして、東洋では、慣習は一つの宗教である。

豚肉を食べることは、イスラム社会では本当に忌まわしいことなのである。彼らはまた、それは神によって禁じられ退けられていると本気で信じている。この禁制を、宗教的迫害だと非難はできないだろう。この禁制は、起源は宗教的かもしれないが、宗教的迫害にはならない。なぜなら、どの人の宗教であっても、豚肉を食べることを義務にはしていないからである。非難の根拠と唯一言えるのは、個人の好みや自分だけにかかわる関心事に干渉することは、社会の仕事ではない、ということだろう。

もう少しイギリスに近い場所に話を移そう。スペインの多くの人々は、ローマ・カトリック以外の様式で神を礼拝することは、神に対するこの上ない侮辱だと考えている。だから、スペイン国内では、これ以外の礼拝式はすべて不法である。南ヨーロッパではどこでも、妻帯している聖職者は宗教に背いているばかりでなく、節度がなく淫猥で粗野で嫌悪をもよおさせる人物だと見られている。こうしたまったく大真面目の感情や、カトリックでない人々に対してもこうした感じ方を強要しようとしていることを、プロテスタントの人々はどう考えるだろうか。しかし、他人の利益にかかわらない物事の場合でも、各人の自由に干渉するのは正当だとしたら、今示した事例は、いったいどんな原則にもとづいて、一貫性を保ちつつ例外扱いできるのだろうか。神と人間の目から見て言語道断とみなしているものを抑圧したがっている人々を、いったい誰が非難できるだろうか。個人の不道徳とみなされる物事を禁止するための主張のうちで、それは神への冒瀆だという見方をする人々の主張ほど強烈なものはない。迫害者の論理を採用して、自分たちは正しいから他の人を迫害してよいが、他の人は間違っているからわれわれを迫害してはならないのだ、などと主張する気がないのであれば、自分たちに適用されればとんでもない不正だと憤慨するような原則を認めないよう、注意しなければならない。

以上の例に対しては、理にかなわない反論だが、次のような反論があるかもしれない。つまり、以上の例で取り上げられているのは、われわれの場合にはありえない偶然的な事態である。イギリスでは、世論が肉食の禁止を強制する可能性などないし、自分たちの信仰箇条や意向に即して礼拝することや結婚をしたりしなかったりすることに干渉する可能性もない、という反論である。しかし、それならば、われわれの場合でも自由への干渉の危険が皆無になっていないことを示す例を取り上げてみよう。ニューイングランド〔アメリカ〕や、それに共和政時代〔一七世紀〕のイングランドやイギリス全体もそうだったが、ピューリタンが十分に強力な地域はどこでも、彼らは一般向けの集団的娯楽のすべてに加え個人レベルの娯楽も大部分を禁止することに力を入れ、かなりの程度の成功を収めている。特に、音楽、ダンス、公開競技、その他の娯楽目的の集会、演劇である。イギリスで今なお、道徳や宗教の見地からこれらの娯楽を非難する大勢の人々がいる。その大半は中流階級に属していて、彼らはイギリスの政治と社会の現状において支配的な勢力になっているので、こうした意見の人々がいずれ議会の多数を制する可能性もけっして皆無ではない。社会のそれ以外の人々にとっては、自分たちに許されてよいはずの娯楽が、厳格なカルヴァン主義者やメソディスト(13)の宗教的な意見や道徳的な意見で規制されることなど、到底、歓迎できないだろう。規制される側の人々は、このように押しつけがましい信者たちに対して、余計なおせっかいはしないでくれと非常に強硬な姿勢で要求するのではないだろうか。この言葉は、自分たちが間違っていると思う娯楽は誰もしてはいけないと言い張るあらゆる政府やあらゆる社会に、まさに向けられるべき言葉である。しかし、この押しつけがましい主張の原則が認められてしまえば、それが多数者や国内の他の支配的な勢力の自覚的な行動原則になることに対して、正論の形で反対できなくなる。凋落しつつあると思われていた宗教でも、しばしば失地回復に成功することがあったようだが、もし、ニューイングランドの初期の入植者たちと同じような宗教的立場がそうした成功を収めたとしたら、すべての人が、当時の入植者たちが理解していたようなキリスト教共和国の考え方に従う覚悟をしなければならなくなる。

今述べた将来に起こりうる事態よりも、おそらく現実となる可能性がさらに高い事態を思い浮かべてみよう。現在の世界には、民主的な政治制度をともなうにせよともなわないにせよ、社会の構造が民主的になっていく強い傾向〔人々の平等志向〕が明らかに存在している。アメリカでは、この傾向がまったく完全に現実のものとなり、社会と統治体制のいずれもが最も民主的になっている。このアメリカについて、次のようなことは間違いないという指摘がある。つまり、この国の多数者は、自分たちが張り合えると思えないほど生活スタイルが派手だったり豪華だったりする人物が少しでも目につくと、不快感を持つ。そういう多数者の感情は、奢侈禁止法の役割をかなり実効的に果たしていて、アメリカでは多くのところで、高額所得者は、一般大衆の非難を受けずに済む金銭の使い道を見つけるのが本当に難しくなっている、というのである。このような指摘は、実態の描写としてはかなりの誇張があるのは明らかだが、述べられている状況は想像可能であるし、ありそうなことでもある。そればかりでなく、個人の所得の使い道に関して世間全体はノーと言える権利を持っている、という考え方に結びついた民主的な感情がたどりつきそうな帰結でもある。

もう一歩進めて、社会主義的な意見の普及がかなり進んでいる場合を考えてみるだけでよい。そうなると、多数者の目から見て、ごくわずかな額を上回る財産があったり、肉体労働によらない所得があったりするのは、恥ずべきことに見えるだろう。これと原理的には同じ意見が、労働者階級の中ではすでに支配的になっていて、この階級の主流的意見に従順でなければならない人々、つまり、労働者たちに抑圧的にのしかかっている。多くの産業部門で労働者の多数を占めている非熟練労働者は、自分たちは熟練労働者と同じ賃金を受け取るべきであり、出来高払いやその他の方式で、熟練労働者が自分たちを上回る賃金を得るのを認めるべきではない、という意見を固守していることが知られている。彼らはまた、より有益な労働に見合う高額の報酬を熟練労働者が受け取ったり雇用者が支払ったりするのを阻止するために、道徳的な取り締まりを行ない、ときにはそれが力ずくになることもある。私的な問題に対して社会に何らかの支配権があるということなら、こうした人々を間違っているとはみなせなくなる。また、社会が人々全般に行使しているのと同じ権力を、ある個人が属している社会の一部分〔たとえば労働者階級〕がその個人に行使しても、非難できなくなる。

しかし、仮想例を詳しく論じなくてもよいだろう。私生活上の自由を手荒に奪うことは、今でも実際に行なわれている。しかも、いっそう重大な自由の剝奪が、かなりの成功を収めるおそれもある。また、間違っていると社会が考えるすべてのことを法律で禁止するだけでなく、その禁止を徹底するために、社会としては問題なしと認めている多くの物事まで禁止するような、無制限の権利を主張する意見も出てきている。

飲み過ぎを防ぐという名目で、一部のイギリス植民地の住民と、アメリカ国民のほぼ半数に対して、医療目的を除き、あらゆるアルコール飲料の飲用が禁止されている。[14]禁じられているのは販売だが、実際に意図されているのは、飲用の禁止である。この法律は実際には執行できなかったので、名称の由来となった州〔メイン州〕も含めて、法律を採択した州のうちのいくつかでは廃止された。それにもかかわらず、イギリスでも同様の法律の制定を訴える運動が始まり、博愛主義者を名乗る多くの人々によって非常に熱心に進められている。この目的のために結成された「同盟」と自称する組織[15]は、その幹事と、ある公人とのあいだでやりとりされた書簡を公表したことで、かなり悪名高くなっている。相手方は、政治家の意見は原理に基礎を置くべきだと考える非常に数少ないイギリスの公人の一人である。その人スタンリー卿[16]がこの書簡のやりとりの一方の当事者となったことで、政界人には残念ながらごくまれな資質を彼が何度かの公的な機会で示しているのを知っている人たちは、すでに確立している彼への期待がいっそう高まるだろうと考えている。

同盟の見解表明を担当するこの幹事は、「頑迷な主張や迫害を正当化するために歪曲できるような原理の容認に関しては大いに遺憾に思う」とした上で、そうした原理と同盟の原理とのあいだには、「越えられない大きな違い」があることを指摘しようとしている。この幹事いわく、「思想、意見、良心に関連する事柄はすべて、自分の見るところでは」、「立法の領域外にあるが、他方で、社会的な行為や習慣や関係にかかわるすべての事柄は、もっぱら、個人ではなく国家自体に与えられている裁量的な権力の支配下にあり、立法の領域内にある。」これらのいずれとも異なる第三の部類、つまり、社会的ではなく個人的な行為や習慣には、言及されていない。ところが、間違いなく、アルコール飲料を飲む行為はこの部類に属している。もっとも、アルコール飲料を売ることは販売行為であり、販売行為は社会的行為である。しかし、問題となる侵害は、販売者の自由に対するものではなく、買手である消費者の自由に対するものである。なぜなら、消費者によるワインの入手を国家が意図的に不可能にすることとは、消費者に対してワインの飲用を禁止するのとまったく変わらないからである。ところが、この幹事によれば、「私は一市民として、他人の社会的行為によって私の社会的権利が侵害されれば、いつでも立法の権利を要求する」のだという。

そこで今度は、この社会的権利の定義の話になる。「私の社会的権利を侵害するものがあるとすれば、アルコール飲料の販売はまさにそうである。それは、絶えず社会の無秩序を引き起こし煽り立てることによって、安全という私の最も重要な権利を損ねている。アルコール飲料の販売は、平等に対する私の権利も侵害している。なぜなら、それは貧困者を作り出して利益を得ており、その支援費用をまかなう税金を払うのは私だからである。私の進路を危険で取り囲み、また、社会に対して私は相互扶助や相互交流を求める権利を持っているのに、その社会を弱体化し頽廃させることによって、道徳面と知性面での自由な向上に対する私の権利の妨げにもなっている。」「社会的権利」の理論なるものは、おそらくこれまで明確な言葉で表現されたことはなかったが、それは以下のようなものでしかない。つまり、すべての点で本人がすべきであるのとまったく同じように本人以外の人も全員がすべきだ、というのがあらゆる個人の絶対的な社会的権利であり、誰であれ、どれほど細かな点であっても、なすべきことを怠れば私の社会的権利を侵害しているから、これをやめさせるように立法部に要求する権利が私に与えられる、という理論である。

ここまでひどい原理は、自由に対してそれぞれ個別に行なわれる干渉よりも、はるかに危険である。この原理で正当化されないような自由の侵害はないし、この原理はどんな自由にも権利を持たせない。おそらく例外は、けっして公言せずに秘密裡に意見を持つ自由だけだろう。なぜなら、私が有害と考える意見を誰かが口にしたとたんに、それは、この同盟が私にあるとしている社会的権利のすべてを侵害したことになるからである。この理論によれば、自分以外の人々の道徳や知性の面での向上だけでなく身体面の向上に関しても、すべての人に既得権があり、しかも、その既得権は、権利要求をする各人が自分自身の基準に即して定義することになっているのである。

個人の正当な自由であるのに、そうした自由への不当な干渉になっている重要な例が、もう一つある。安息日遵守法である。これは、先々が心配だというのではなく、これまで長いあいだ、成果をあげるのに成功してきた例である。たしかに、生活上の差し迫った事情があり無理だというのでない限り、週に一日、ふだんの日常的な仕事を休むことは、ユダヤ教徒以外の人々にとっては宗教的な義務とは無関係だとしても、非常に有益な慣習である。この点について社会全般の同意がないと、働く人々のあいだでこの慣習を守ることはできないし、したがってまた、誰かが働いてしまうと他の人々も働かなければならなくなるような場合もありうる。こういう場合に限って言えば、法律によって特定の曜日に主要な事業活動を停止させ、働く人のためにこの慣習が確実に守られるようにすることは、許されるし正当でもあるだろう。しかし、この正当化は、各個人がこの慣行を守ればそれが他の人々の直接的利益になるという根拠にもとづいており、人が自分の空き時間を使うのにちょうどよいと考えて自分で選んだ仕事の場合にはあてはまらない。また、娯楽を法律で制限することにも、まったくあてはまらない。たしかに、ある曜日が誰かにとって娯楽の日になれば、他の誰かがその日に仕事をすることになる。しかし、多くの人にとって、有益な休息とまで言わなくても、楽しい思いができるのであれば、そのために少数の人が働く価値はある。ただし、そう言えるのは、自由に選択され辞めたければ自由に辞められる、という条件があってのことである。全員が日曜日に働けば、週六日の賃金で週七日働くはめになる、という労働者たちの考えはまったく正しい。しかし、〔全部ではなく〕大多数の職場が休業というのであれば、その限りでは、他の人の娯楽のために働かなければならない少数の人々は割り増し賃金を得られるし、賃金より休みがよいと思うのであれば、その仕事を無理にしなくてもよい。これ以上の対策が必要な場合には、こういう特別な人々のために週の別の曜日を休日とすることを慣行にしてもよいだろう。

というわけで、日曜日の娯楽制限を擁護できる唯一の根拠は、それが宗教的に間違っているから、ということにならざるをえない。これは、立法の趣旨としては、どれほど強く抗議してもし過ぎることのないものである。「神になされし罪は神にまかせよ」[17]である。同じ人間のあいだでの不正行為ではなくても、冒瀆とされているものへの報復が、天上から、社会やそれに代わる役人たちに委ねられているのかどうかは、証明済みの問題ではない。他の人々を敬虔にすることは人間の義務だという考えは、これまでなされたあらゆる宗教的迫害の根拠だった。これを認めたら、宗教的迫害は十分に正当化されてしまう。日曜日の鉄道旅行を止めさせようとする企てがくり返されたり、博物館の開館が反対されたり等々の中で噴出している感情は、昔の迫害者にあった残酷さはないものの、示されている心境は基本的に同じである。つまり、他の人々の宗教では許されていることでも、迫害者の宗教では許されていないのだから、そういうことをする人々は断じて容認しない、という決意である。神は信仰の道をはずれた者の行為を忌み嫌うばかりでなく、そうした者を自分たちが放置すれば、自分たちも無罪扱いはしてもらえない、と信じ込んでいるのである。

人間の自由が一般的に低く評価されている例として、ぜひとも加えておきたいものがある。モルモン教[18]という異様な現象に注目が集まる場合にはいつでも、露骨な迫害の言葉がイギリスの言論界に噴き出してくる、という例である。新しい啓示と主張されているものやそれにもとづいて創始された宗教は、見えすいた欺瞞の産物であり、創始者の並外れた資質の威光という支えもないのに、新聞や鉄道や電信の時代に何十万人もの人々に信奉され、一つの社会〔アメリカ・ユタ州の信者共同体〕の基礎にまでなっている。この予想外で教訓的でもある事実については、多くの議論があるだろう。

ここでわれわれの関心をひくのは、他のもっとまともな宗教と同じように、この宗教にも殉教者がいることである。その預言者にして創始者でもある人物は、自らの教えのために暴徒たちに殺害されてしまった。他の信者の中にも、同様の不法な暴力で命を失った者がいる。今では、信者たちは最初に勢力を広げた場所から集団的に追放されて砂漠の真中の孤立した僻地に追いやられているのだが、この期におよんでも、遠征軍を派遣して彼らを非モルモン教徒の意見に力ずくで従わせるのは（簡単にはできないだけで）正当なことだと公言する人々は、イギリスでも多い。モルモン教の信仰箇条の中で、とりわけ反感をかき立て宗教的寛容による通常の抑制をこのように超えさせているのは、一夫多妻の容認である。一夫多妻は、イスラム教徒やヒンズー教徒や中国人には許されているとしても、英語を話しキリスト教徒の一教派だと称している場合には、抑えようのない激しい敵意をかき立てるようである。

モルモン教のこの制度に関して、私は誰にもまして徹底的に否認する立場である。一夫多妻を否認する理由は他にもいくつかあるが、それらとともに自由の原理からしても、断じて支持できない。一夫多妻は、自由の原理に真向から反するものであり、社会の半分の人々〔女性〕を鎖で縛りつけ、残り半分の人々〔男性〕に関しては相手に対する義務を免除してしまうからである。

とはいえ、このような婚姻関係の場合、女性はその被害者のように思えるかもしれないが、当事者の女性にとっては、他の形の婚姻制度の場合と同じように、任意のものであることには留意しなければならない。また、この事実はどれほど驚くべきことに見えるとしても、説明はつく。つまり、世間一般の考え方や慣習が、結婚は必ずするものと女性に教え込んでいるために、まったく結婚しないよりは、何人かの妻の一人になる方がよいと思う女性がたくさんいる、ということである。

このような結婚を各国においても承認せよ、という要求があるわけではない。各国の住人のうちモルモン教の信者についてはその国の法律の適用を免除せよ、という要求があるわけでもない。それどころか、この少数の異端者たちは、他の人々から、当然と言ってよい限度をはるかに超えた敵対的な感情を突きつけられた。それで仕方なく、彼らは自分たちの教義を受け容れてくれなかった国々を去って、遠く離れた地上の片隅に住みついたのである。そこを初めて人間が住める場所に変えたのは、彼らだった。こういう彼らが他国民を攻撃せず、彼らのやり方に満足できない人々に、立ち去る完全な自由を認めているのであれば、彼らが自分たちでよいと思う法律の下で暮らすのを妨げる根拠として、専制的な原理以外のものを見つけるのは困難である。

最近、すぐれた点も多少見られる論者が、文明における退歩とこの論者には思えることを止めさせるために、この一夫多妻の社会に（本人の言葉で言うと）十字軍ならぬ文明化遠征軍を派遣せよ、と提唱している。私にも退歩のようには見える。しかし、私の知る限りでは、他の社会に文明化を強いる権利を持つ社会はない[19]。悪法の被害者たちが他の社会からの支援を求めているのでない限り、私としては、次のような主張を認めることはできない。つまり、直接の当事者たち全員が納得している事態であろうと、当の社会と何千マイルも離れたところにいてその一員でも関係者でもない人々から見て言語道断なのであれば、まったくの部外者であっても、その社会に踏み込んでいって、そういう事態を終わらせるよう要求すべきなのだ、といった主張である。

このように言う人々は、何かしたければ、反対論を説教する宣教師を派遣すればよい。また、自国民に同じような主張が広まることには、正当な手段(反対論による説得)で対抗すればよいのである(主張者たちを沈黙させるのは正当な手段ではない)。

野蛮が世界を席巻していたときでも、文明は野蛮に対して勝ち進んできたのだとすれば、野蛮がすっかり克服された後でも復活して文明を征服するおそれがある、といったことを公言するのは行きすぎである。いったん制圧した敵にそのように屈服する可能性のある文明は、すでにかなり堕落しているにちがいない。聖職者や教師に任じられた人々もそれ以外の人々も、文明を守るために立ち上がる能力も、そのための苦労を引き受ける意志もない、というほどの堕落である。だとすれば、こういう文明は退去通告を受け取るのが早ければ早いほどよい。そのような文明は、ますます悪化していく道を進んでいって、活力に富む蛮族によって(西ローマ帝国のように)滅ぼされ生まれ変わるしかないのである。

第五章　応　用

本書でこれまで主張してきた原理は、まず、個々の具体的な問題に関する議論の基礎としてもっと広く認められる必要がある。そこまで到達すれば、この原理は、有効性があるという見通しの下で、統治と道徳の多様な分野全体へと一貫して適用できるようになる。個々の具体的な問題に関して、私はこれから若干の考察を行なうが、その意図は、原理がたどり着く〔具体的な問題ごとの〕諸々の結論を列挙し尽くすことではなく、具体例を通じて原理を説明することである。あれこれとたくさんの応用例を示すというよりも、むしろ応用の見本を示すことにしたい。二つの原理の両方が合わさって本書の主張全体を構成しているのだが、その応用の見本を示せば、二つの原理の意味と範囲をいっそう明確にするのに役立つだろう。また、二つの原理のどちらを適用すべきかがはっきりとしない場合に、どちらの原理に重きを置くのかを判断するのにも役立つだろう。

第一の原理は、個人の行為が本人以外の誰の利益にもかかわらない限り、その個人は自分の行為について社会に対して責任を負わされない、ということである。行為者に対して忠告や注意や説得をすること、それに、他の人々が自分たち自身の利益のために必要だと考える場合には、行為者を避けることだけが、この行為者の行為に対して社会が嫌悪や非難を表明するために使用しても正当と言える手段である。第二の原理は、個人は他人の利益を侵害する行為について責任を負うべきであり、社会的処罰や法的処罰が社会を守るために必要だという意見を社会が持つ場合には、それらの処罰を個人に対して行なってよい、ということである(1)。

最初に言っておくと、他人の利益への危害や危害の可能性のあることだけが社会による干渉を正当化できるからといって、これがいつでもそうした干渉を正当化するとは、けっして考えてはならない。個人が正当な目的を追求する中で避けることができず、それゆえ合法的でもある原因によって、他人に苦痛や損害を与えてしまったり、他人の側で得られると期待してもおかしくない利益を奪ってしまったりする場合がたくさんある。個人間のこのような利益の葛藤は、劣悪な社会制度のために生じることが多いが、しかし、そうした制度が存続するあいだは避けられないし、また、どんな制度の下でも多少は避けられないだろう。従事者の多すぎる職業で成功する人や、競争試験で合格する人など、同じ目標をめざした競い合いで勝ちをおさめる人は誰でも、他人の失敗や無駄になった努力や失望から利益を得ていることになる。しかし、一般的に認められているように、このような帰結にたじろぐことなく各人が自分の目標を追求することは、人々全般の利益にとって望ましいのである。言いかえれば、社会は、失望させられた競争相手たちがこの種の苦痛を免れる法的権利も道徳的権利も認めていない、ということである。社会が干渉の必要を感じるのは、社会全般の利益から見て許されない手段、つまり、虚言や背信や暴力といった手段が用いられる場合に限られている。

もう一つ言っておくと、商取引は社会的行為である。どんな類いの商品を世間に向けて誰が販売しようとも、その影響は他の人々や社会全般の利益にまでおよぶ。したがって、販売者の行為は、原則的には社会の管轄内にある。そのため、以前は、重要と考えられるあらゆる場合に、価格を設定し製造過程を統制することが政府の責務だとみなされていた。しかし現在では、長期にわたる闘争を経てのことだが、安価な商品や良質な商品は、製造者や販売者に完全な自由を与えることで最も効果的に提供される、と認められるようになっている。唯一の制約条件は、どの購入者も分け隔てなく別のどの販売者からでも購入できる自由がある、ということだけである。これが、いわゆる自由交易の原則である。この原則の根拠は、本書で主張している個人の自由の原理と同程度に強固であるが、しかし、個人の自由の原理とは別のものである。交易や交易目的の製造に対する制約は、制約であることは間違いないのであり、制約はどれも、制約という点に着目する限りでは、害悪の一つである。とはいえ、ここで取り上げている制約がおよぶのは、行為の中でも、社会が制約を行なう権限を持っている行為〔他人の利益に危害を与える行為〕だけである。このような場合の制限が誤りとなるのは、制約によっても期待される効果が実際には生じていない、という理由があるときに限られる。個人の自由の原理は、自由交易の原則には含まれていないから、自由交易の原則の限界をめぐって生じる問題の大半ともかかわりを持たない。このような〔限界にかかわる〕問題としては、たとえば、混ぜ物で質を落とすという手口の詐欺を防止するため、公的な統制がどの程度まで許されるか、危険な仕事に従事する労働者を保護するための衛生面での対策や設備の設置を雇用者にどこまで義務づけるか、といったことがある。自由交易の問題で自由への配慮が必要になるのは、他の条件が同じであれば、人々を規制するよりも放任した方がつねに〔社会全般にとって〕有益だという場合に限られる。しかし、今言及した目的〔労働者保護など〕のためだったら、規制は正当になるだろう。このことは原則的に否定できない。(2) 他方で、本質的に自由の問題であるような、交易への干渉に関連する問題もある。たとえば、すでに触れたメイン法〔禁酒法〕、中国へのアヘン販売の禁止、毒物販売の制限といった問題である。要するに、干渉の目的が特定品目の入手を不可能ないし困難にすることに置かれている事例すべてがそうである。こういう場合の干渉は、製造者や販売者の自由の侵害ではなく、購入者の自由の侵害として反対すべきなのである。

これらの例の一つである毒薬販売の例は、警察業務とでも呼べるものの適切な限界は何か、つまり、犯罪や事故の防止のために自由をどこまで切り詰めても正当と言えるのか、という新たな問題を提起している。犯罪が行なわれた後に犯人を捜し出して処罰することばかりでなく、犯罪を予防することも、統治の業務として議論の余地のないものの一つである。しかし、統治業務のうち予防の仕事は、処罰の仕事に比べて、濫用され自由の侵害となる可能性がはるかに高い。なぜなら、人々の行為する自由は、合法とされている場合でも、あれこれの犯罪行為をやりやすくする面があると言えるだろうし、事実その通りだからである。そうではあってもやはり、誰かが明らかに犯罪を行なう準備をしているのが目に見えている場合には、公的権力は、あるいは私人であっても、犯罪が行なわれるまで何もせず傍観していなければならないわけではなく、予防のために干渉してよいのである。

毒薬の場合、仮に、殺人以外の目的で購入され使用されることがありえないのであれば、製造販売の禁止は正当だろう。ところが、毒薬は、犯罪とならない有益な目的のために必要になる場合もあり、しかも、犯罪にならない場合には制限を加えず、犯罪になる場合にだけ制限を加える、ということもできない(3)。

他方で、事故防止を図ることも、公的権力の本来業務である。公務員であれ一般の人であれ、危険が確認されている橋を誰かが渡ろうとしているのを目にしたら、しかも、その人に危険を知らせる時間的余裕がなかったなら、その人をつかんで引き戻しても、その人の自由を本当に侵害したことにはならないだろう。なぜなら、自由は当人が望んでいることをするということであって、当人は川に落ちることを望んではいないからである。とはいえ、被害が確実というのではなく被害の恐れがあるというだけの場合は、危険を冒すことに相当する動機が十分にあるのかどうかの判断は、本人以外の誰もできない。したがって、私の考えでは、こういう場合は(本人が子どもであるとか、錯乱しているとか、反省能力を十分に働かせることのできないほど興奮状態や放心状態でない限りは)本人に対して危険だと警告はすべきだが、被害に遭わないように力ずくで本人を制止する、といったことはすべきでない。

同様の考察を、毒薬販売のような問題にも応用すれば、それによって、規制の仕方としてありうるもののうち、どれが原則に反しているか反していないかを判定できるようになるだろう。たとえば、危険性のあることを示す注意書を薬品に貼付するといった予防策は、義務づけても自由の侵害にはならないだろう。購入者が自分の入手したものに毒性があることを知らずにいたいと思っている、というのはありえないことである。しかし、どんな場合でも医師の証明書を求めるとなると、その薬品の合法的な使用ができなくなる場合も出てくるし、つねに費用がかかることにもなる。

犯罪以外の目的で毒物を必要としている人々の自由に対しては、懸念すべき侵害にならない一方で、毒物を用いた犯罪には歯止めをかけるという方法は、私の見るところ一つだけある。それは、「予定証拠(4)」という、ベンサムが当を得た呼び方をしている手続をしておくことである。この手続は、契約の場合には誰もがよく知っているものである。契約の締結に際して、法律は契約の履行を義務づける条件として、署名や証人の立会いといった手続を求めるのがふつうであり、妥当なことでもある。これは、後々に紛争になった場合に、契約が本当に締結されていて、契約を法的に無効とするような事情が一切なかったことを証明する証拠を残すためである。これには、虚偽の契約や、もし知られていれば契約の有効性を損ねてしまう事情がありながら締結されるような契約に対して、大きな歯止めをかける効果がある。同じような性質の予防措置は、犯罪の手段に転用可能な商品の販売にも、義務づけてよいだろう。販売者には、たとえば、売買の正確な日時、購入者の氏名と住所、販売品の正確な特性や分量を記録し、使用目的を尋ねてその答も記録するよう求めてもよいだろう。医師の出した処方箋がない場合は、誰か第三者の立会いを求めてもよいだろう。これは、商品を犯罪目的で使用したと信じられる理由が後々になって出てきた場合、購入の事実を購入者に対して念押しするためである。このような規制であれば、ほとんどの場合、商品の入手は実質的に妨げない一方で、商品をこっそりと不正使用することに対しては、相当程度の歯止めになるだろう。

予防措置によって犯罪にあらかじめ対処する権限は、本来的に社会にそなわっている。このことが示しているのは、本人だけにしかかかわらない不始末に予防や処罰によって干渉するのは正当でありえないという原理にも、明らかに限度があるということである。たとえば、飲酒による酩酊は、法律による干渉にふさわしくない対象ではあるが、しかし、私の考えでは、過去に飲酒の影響で他人に暴力をふるって有罪となったことのある人物の場合は、この人物に限って法律による特別の規制を加えるのは、完全に正当である。つまり、以後、飲酒が発覚した場合は処罰され、また、酩酊状態での〔暴力行為の〕再犯は刑罰を加重する、といった規制である。酩酊すると他人に危害を与えてしまう人物の場合は、酩酊することが他人に対する犯罪になるのである。同様に、社会からの扶助を受けている人は別として、あるいは、怠惰によって契約が破られることになる場合は別として、怠惰を法的刑罰の対象にすることは間違いなく専制的である。しかし、怠惰やその他の回避可能な原因で、たとえば自分の子どもを扶養するといった、自分以外の人々に対する法的義務を果たさない人には、他の手段がなければ、強制労働によって義務を果たすよう強要しても専制的ではない。

さらに、直接的に害がおよぶのは行為者本人だけなので、法律で禁止すべきではないが、公然と行なうときは良俗に反しているので、他人に対する侵害の部類に入ってくる行為も数多くある。これらは、禁止しても正当と言えるだろう。この種のものとしては、品位を欠いた行為がある。このような行為については、どちらかと言えば、ここで問題にしている点〔どんな場合でもつねに他人の利益を害する行為〕とは間接的に関連しているにすぎないから、詳しく論じる必要はない。それ自体としては非難すべきものでなくそのように考えられてもいない行為でも、公然と行なわれる場合には、同じように強く反対されることは多いのである。

他にも、これまで示してきた原理と整合性のある答を引き出しておくべき問題が一つある。非難に値すると考えられている個人的行為であっても、直接的にもたらされる害悪はすべて行為者に降りかかるだけなので、自由を尊重するために、行為者が自由に行なうことに対して、妨害や処罰が加えられることはない。そういう行為を、行為者以外の人々が勧めたり誘ったりすることも自由であるべきだろうか。これは難問である。

他人に対してある行為をするよう勧誘することは、厳密に言えば、自己に関する行為の事例ではない。誰かに対して助言を与えたり勧誘したりすることは社会的行為であり、したがって、他人に影響を与える行為一般と同じように、社会による規制の対象と考えられるかもしれない。しかし、この事例は、厳密に言えば個人の自由の定義内に収まらないとしても、個人の自由の原理の根拠となっている理由は、この事例に当てはまる。この点をふまえて少し考えてみれば、そのような当初の印象は改まることになる。人々は、自分自身にだけかかわる問題に関しては、自分で危険を引き受ける覚悟の上で、最善と思われることは何であれ行なってよい、とすべきなのであれば、人々は何をするのがふさわしいのかを相談し合い、意見をやりとりし、ヒントを交換することに関しても、同じように自由であるべきである。行なうことが許されている行為であれば何であれ、それを行なうよう助言することも許されるべきである。

この問題で疑問の余地が出てくるのは、次の場合に限られている。つまり、社会や国家が害悪と考えている物事を勧めることを、生計の維持や金銭的利益を目的とした職業としている人がいて、そうした勧誘で個人的利益を得ている場合である。たしかにここでは、問題を複雑化する新しい要素が加わっている。つまり、公共の利益と考えられるものに対立する利益を持ち、公共の利益を妨げることを生計の立て方の基本としているような類いの人物が登場している、ということである。こういう事態には干渉すべきなのか、それとも、干渉すべきでないのか。たとえば、売春は許容されるべきで、賭博も許容されるべきであるが、それでは、売春の斡旋や賭博場の経営も自由にしてよいのだろうか。これは、二つの原理[5]のあいだのちょうど境界線上にある事例の一つであり、二つの原理のどちらに従うべきかが一目瞭然ではない事例である。どちらの側にも、それぞれ言い分がある。

　許容するという立場からは、次のように主張されるだろう。仕事としてでなければ許されている行為であれば、それを職業として行なって生計を立て利益を得ているという事実があるからといって、犯罪扱いはできない。行為は一貫して許容するか、一貫して禁止するかのどちらかであるべきである。これまで擁護してきた原理が正しいのであれば、当の個人だけにしかかかわらない物事を不正だと決めつけることは、社会が社会としてすべきことではない。社会は思いとどまるよう説得する以上のことはできない。それに、思いとどまるよう説得する自由が個人にあるとすれば、同じように、別の個人には、行なうよう説得する自由があってよい。

　これに反対する立場からは、次のように主張されるだろう。社会や国家が、抑止や処罰の目的で、当の個人の利益にしか影響しないあれこれの行為について、その善悪を権威的に決めることは許されない。とはいえ、社会や国家は、その行為を不当と見ているのであれば、その行為が不当か否かは少なくとも議論の余地のある問題だと推定してもまったく正当である。社会や国家が、そのように推定した上で、利害絡みの勧誘の影響を排除しようと努力することは、妥当性を欠く行為ではありえない。そのような勧誘をする人物は、およそ公平無私ではありえないし、国家が不当と考えることに直接的な個人的利益を持っていて、個人的な目的のためだけに公然とそうした利益を追求しているような人物である。自分自身の利益を目的として人々の気を引こうとしている人物の手練手管からできる限り離れて、人々が自分の意向に即して、賢明であれ愚かであれ自分で選択をするように状況を整えたとしても、それで何かが失われ利益が犠牲にされることなどありえない、と主張されるだろう。こういうわけで（と議論は続くだろう）、賭け事を違法とする法令はまったく擁護できないとしても、つまり、自分の家や仲間の家で、あるいは自分たちで資金を出し合って設けた集会場所で、仲間や同伴の来客に限定して賭け事をする自由はすべての人にあるとしても、公然とした形の賭博場は許容すべきでない。たしかに、禁止には実効性がないし、どれほど多くの専制的権力を警察に与えても、賭博場はいつでも別の形に見せかけて存続できるだろう。とはいえ、ある程度はこっそり隠れた運営をせざるをえなくなるだろうし、その結果、賭博場を捜し回る人たちを除けば、賭博場のことは誰にも一切知られなくなる。これ以上のことを、社会はめざすべきではない、というわけである。

この議論にはかなりの説得力がある。罰金や投獄は、主犯格の買春や賭博の当事者には適用されない（適用されるべきでもない）のに、売春斡旋業者や賭博場の経営者には適用してよいとすると、幇助者の方だけ処罰するという道徳上の変則が生じるが、この変則が以上の議論で十分に正当化されるのかどうかについては、私はあえて断定するつもりはない。ただ、通常の売買行為の場合は、このような根拠で干渉すべきだとは言えないだろう。売買される商品はほとんどすべて、過剰に使用されることもあるだろうし、販売者は過剰な使用を促せば金銭的利益を得ることにもなる。しかし、これを根拠にして、たとえばメイン法賛成を主張することはできない。なぜなら、アルコール飲料が濫用されれば販売者たちの利益になるとしても、合法的な使用のためにアルコール飲料の販売者たちはどうしても必要だからである。とはいえ、飲み過ぎを助長することで利益を得るというのは現実に有害なことであるから、国家が規制を加えて〔飲み過ぎを助長しないという〕保証を要求しても正当である。ただし、このような正当化事由を欠く場合には、合法的自由を侵害することになる。

さらにもう一つ問題がある。国家は、行為者の最善の利益に反すると国家が考える行為を許容しているにもかかわらず、その行為を間接的に妨げてもよいのかどうか、という問題である。たとえば、国家が、酩酊の手段をもっと高価にする施策や、販売する場所の数を制限することで調達をもっと困難にする施策を講じてもよいのだろうか。これについては、他の大半の実務的問題と同様に、多くの場合分けが必要である。入手しにくくするという目的だけのためにアルコール飲料に課税することは、完全な禁止と程度において異なるだけの施策であり、完全な禁止が正当化できる場合に限って正当ということになる。価格の引き上げはどんな場合でも、引き上げられた売価をまかなえない人々には禁止となり、まかなえる人には特異な好みを満足させるために科せられる罰金になってしまう。どのように自分の楽しみを選択し自分の収入を使うかは、国家や他の人々に対して負っている自分の法的義務や道徳的義務を果たした上でのことであれば、当人自身の問題であり、当人自身の判断に委ねるべきである。

以上の考察は、一見したところでは、歳入目的のための特別な課税対象としてアルコール飲料を選ぶことは不当だ、と主張しているように思えるかもしれない。しかし、忘れてはならない点がある。財政上の目的のための課税は絶対に避けられないし、大半の国々では課税のかなりの部分を間接税にする必要があるため、国家は特定品目の消費に対して、人によっては禁止と同じことになるような課税をせざるをえない。そういうわけで、課税に際して、消費者が使わずに済ませられる筆頭の品目は何かを考慮すること、とりわけ、ちょうど適量という限度を超えて使用すると明らかに有害だと思われる品目を選び出すことが、国家の責務となる。そのため、最大の歳入をもたらすところまでアルコール飲料への税金を引き上げることは(これによってもたらされる歳入すべてを国家が必要としている、という前提があるとしてだが)、許容されるばかりでなく、前向きに支持できるのである。

このような品目の販売を多少なりとも排他性のある特権にするかどうか、という問題に関しては、そうした制限がどんな目的に役立つことを意図しているかに応じて、別々に答えなければならない。

多くの人々が集まる場所は、警察による規制が必要である。また、とりわけこうした種類〔酒類販売〕の場所は、反社会的な犯罪が特に起こりやすいから、その必要がある。したがって、酒類販売(少なくともその場所で消費される場合の販売)の権限を、品行方正だと知られている人やその点で保証付きの人に限定することは適切である。開店や閉店の時間について必ず公的な監督をする、といった規制を加えることも同様である。また、販売店主が黙認したり非力だったりするためにくり返し治安が乱される場合や、店が違法な犯罪をたくらんで準備する場所になっている場合に、販売免許を取り消すことも適切である。

これ以上の規制は、私の考えでは、原則的に正当化できない。たとえば、もっと店に行きにくくして誘惑の機会を減らすことを明らかな目的として、ビールや蒸留酒を販売する店の数を制限するのは、便利さを悪用する一部の人がいるという理由で全員に不便を被らせることになるが、それだけではない。このような制限がふさわしいのは、労働者階級が明らかに子どもや未開人として扱われ、自由の特権が将来的に認められるのをめざして、それにふさわしくなるよう拘束ずくめの教育を受けているような社会状態に限られる、ということでもある。自由な国家であればどこも、こうした原則を掲げて、労働者階級を統治したりはしない。また、自由にしかるべき価値を認めている人は誰でも、労働者階級に対するそのような統治を支持したりはしない。たとえ支持することがあったとしても、労働者階級を自由に向けて教育し彼らを自由人として統治するためのあらゆる努力を尽くした上で、彼らを子どもとしてしか統治できないことが最終的に判明した場合に限られる。

二者択一〔自由人の統治か、それとも、子ども扱いの統治か〕の形ではっきり示してみると、ここで考察が必要などの事例においても、そのような努力〔どちらの統治が必要なのかを見極める努力〕が行なわれてきたなどと考えるのは無理で、到底できないということがわかる。イギリスの慣行には、専制的な統治やいわゆる後見主義《パターナル》的な統治の体制に属するものが入り込んでいる。ところが他方で、イギリスの制度が全般的には自由であるせいで、道徳的な教育として何らかの実効性のある規制を行なうのに欠かせない程度の統制力であっても、行使することができない。こうなっているのは、ただただ、イギリスの制度が諸々の矛盾の塊だからである。

本書の初めのところで指摘したように[6]、当の個人にしか関係しない物事における個人の自由には、それに類似した自由、つまり、何人であれ複数の個人がたがいの合意によって、自分たち全員に関係し、かつ自分たち以外の誰にも関係しない物事を処理する自由が含まれている。関与している個人すべての意思が変わらない限り、この問題から困難は生じない。しかし、意思は変わる場合もあるから、当の個人たちだけにかかわる物事においてすら、契約を交わしておくべき場合が多い。また、契約を交わしたからには、通例はその契約を守るべきだ、ということになる。

しかし、おそらくどの国の法律でも、この一般則には若干の例外がある。第三者の権利を侵害する契約は誰に対しても拘束力がないが、それればかりではなく、当事者自身に危害を与えるような契約であれば、それだけで当事者がその契約を解除する十分な理由だとみなされる場合もある。たとえば、イギリスや他のほとんどの文明諸国では、自分自身を奴隷として売り渡す契約や、自分が奴隷として売られることを認める契約は、拘束力がなく無効であり、法律や世論によって強制されることはない。このような形で本人が自分自身の人生の境遇を自分の意思で処理していく権限を制限する根拠は明白であって、この極端な事例に非常にはっきりと示されている。

他人の利益に関係しない限り、本人の意思による行為に干渉しない理由は、本人の自由を尊重するということである。本人の意思による選択は、本人がそのように選択したものが本人にとって望ましいものであるか、あるいは少なくとも甘んじて受け容れられるものであることの証拠である。本人の利益が最もよく得られるのは、たいていは、利益追求の手段を本人自身が選択してよい、とされている場合である。しかし、自分自身を奴隷として売る人は、この行為だけで、それ以降、将来の自由の行使をあらかじめ放棄することになる。したがって、この人は、自分のことは自分で処理してよい、ということに正当性を与えている目的そのものを、自ら否定してしまっているのである。この人はもはや自由ではない。これ以降この人が置かれる立場では、自分の意思でその立場にとどまっているからその立場が気に入っているのだろう、といった推定根拠がもはやなくなってしまう。(7) 自由の原理が、不自由になる自由を人に望むことなどありえない。自由とは、自由の放棄を許容するということではない。

以上の理由は、今の特異な事例では非常に際立った説得力を持っているが、これよりもはるかに広い範囲に適用できることは明らかである。とはいえ、やはりその適用範囲には、生活上のやむをえない事情のために、至るところで限界が設けられている。そうした事情が絶えずわれわれに求めているのは、もちろん自由を放棄することではなく、自由に対する個別事情ごとの制約を受け容れることである。

ところが、この原理〔自由の原理〕で求められているのは、行為者本人にしか関係しない物事すべてについて、自由を規制しない、ということにとどまらない。第三者にはかかわりのない物事においてたがいを拘束する契約が結ばれている場合、契約当事者の双方が契約関係を解除できることも求められている。また、本人の意思によるそうした契約解除がない場合でも、金銭や金銭的価値を持つものに関連する契約を除けば、撤回する自由が一切あってはならないとあえて言えるような約定や契約は、おそらくないだろう[8]。

すでに私が引用した秀作[9]の中で、ヴィルヘルム・フォン・フンボルト男爵が自身の確信として述べているところによれば、個人的レベルで関係を結ぶとか役務を提供するといった契約は、限定された期間を超えて法的拘束力を持つべきではない。また、これらの契約の中で最も重要なものである婚姻は、双方の感情が和合していなければ目的は達成されないから、その解消に必要なのは、いずれか一方がその意思を宣言することだけである。

この問題は、付論として議論するには、あまりに重要で、あまりに複雑である。そこで、私としては、〔自由の原理の〕例解に必要な程度に限定して言及することにとどめたい[10]。

フンボルト男爵の〔この問題についての〕論述は短い概論的なものだったため、そこでは前提を論じることなく自分の結論を述べざるをえなかったのだが、そうでなかったら、自分が限定的に言及した単純な根拠〔当事者双方の感情の状態〕だけでは、この問題の結論が下せないことを承認したはずである。ある人が明示的な約束や行動によって、自分は一定の行為の仕方を続けるだろう、そして、自分はこの前提で期待や予測をし続け、自分の人生プランのうちのどの部分もそれに賭け続けていくということを、相手の誰かに信じさせたとしよう。すると、この人には、そのように信じさせた相手に対して、新たな一連の道徳的義務が生じる。この義務よりも他の義務が優先される場合もおそらくあるだろうが、しかし、この義務を無視することはできない。また、さらに、契約当事者の双方の関係が、当事者以外の人々に重大な結果をもたらすのであれば、つまり、この関係が第三者を特異な境遇に置いたり、婚姻の場合のように第三者を誕生させたりもする、というのであれば、そうした第三者に対する義務が契約当事者の双方に生じる。この義務が履行されるかどうか、履行されるにしてもどのようにしてかは、最初の契約当事者たちのあいだの関係が続くか破綻するかに、大きく影響されるはずである。だからといって、こうした義務が、〔婚姻関係の継続に〕消極的な側の利益をすべて犠牲にしてでも契約の履行を要求するところにまでおよぶことはない。そういうことは、私としても認めることはできない。しかし、第三者に対するこうした義務は、目下の問題において欠くことのできない要素である。また、フォン・フンボルトが主張しているように、たとえ、こうした義務によって、当事者たちが契約を解除する法的自由という点で違いが生じるべきではないとしても(私としても多くの違いは生じるべきではないと考えるが)、道徳的自由の点では、大きな違いが出てくるのは避けられない。他の人々のこれほど重要な利益に影響しかねない一歩を踏み出す決意をする人は、それに先だって、以上の事情すべてを考慮に入れるべきである。もし、この人が他の人々の利益について適切な配慮を十分にしないのであれば、そういう誤ったふるまいに関して道徳的な責任が生じることになる。

私が以上のような自明の議論を行なったのは、自由の一般原理をよりていねいに例解するためであり、ここで取り上げた特定の問題(婚姻関係の解消)にとって、とくに必要とされているものだからということではない。この問題は、むしろ逆に、子どもの利益がすべてで、大人の利益はまったく問題にならないかのように論じられるのがふつうである。

すでに見たように、承認されている一般原理がないために、自由を与えるべきところで与えられていないのと同様に、自由を与えるべきでないところで与えられていることが多い。現代のヨーロッパ世界で最も強く自由の感情が示される事例の一つなどは、私の見地からすると、まったくの的外れになっている。人は自分自身にかかわることについては自分の好きなように行為する自由があるべきだが、しかし、他人に代わって行為する場合には、その他人の問題が自分自身の問題であるという口実の下で、自分の好き勝手に行動する自由など持つべきではない。国家は、特に本人自身にかかわる物事においてはその人の自由を尊重する一方で、その人が他人に対して権力行使することを許容している場合でも、その権力行使について警戒を怠ることなく監督し続ける義務がある。この義務は、家族関係という、人間の幸福への直接的影響の点で、他の諸関係を全部合わせてもおよばないほど重要な場面において、ほぼ全面的に無視されている。

妻に対する夫のほとんど専制的な権力については、ここで詳しく論じる必要はない。なぜなら、この悪弊を完全に除去するのには、妻が他のすべての人々と同じ権利を持ち、同じ形で法的な保護を受けること以上には何も必要としないからである。また、既成事実化している悪弊を擁護する人は、この問題に関しては自由を口実に使うこともなく、あからさまに権力の擁護者として立ち向かってくるからである。

自由を濫用する考え方が国家の職責遂行に対する現実の障害となっているのは、子どもの場合である。自分の子どもは、比喩的にではなく文字通りに自分の一部だと考えられている。だから、子どもに対する親の絶対的で排他的な支配権に関しては、ほんのわずかな法律の干渉であっても、親自身の自由に対するほとんどすべての干渉の場合より強い警戒感がある。大方の人々は、権力に認めているほどの大きな価値を自由には認めていないのである。

たとえば、教育の場合を考えてみよう。国家が自国の市民として生まれたすべての人に対して、一定水準までの教育を要求し義務づけるべきなのは、ほとんど自明の理ではないだろうか。それにもかかわらず、この真理をためらわずに認めて主張する人はいるのだろうか。間違いなくほとんど誰も否定しないだろうが、一人の人間をこの世界に誕生させた後、その人間が人生における自分の役割を他人に対しても本人に対しても適切に果たせるように教育することは、両親(あるいは現在の法律や慣行では、父親ということになるが)の最も神聖な責務の一つである。しかし、これが父親の責務であることには賛成だと皆が公言している一方で、父親にその責務を果たすよう義務づけるということになると、イギリスでは、ほとんど誰も聞く耳を持とうとしない。

子どもに教育をしっかり受けさせるよう努力したり犠牲を払ったりすることを父親に求めるどころか、教育が無償で提供されても、それを受けるか受けないかは父親の選択に委ねよう、というのである！　子どもの身体のために食料を与えることばかりでなく、子どもの精神のために教育や訓練を与えることについても、それができるというきちんとした見通しなしで子どもを作るのは、その不運な子どもばかりでなく社会に対しても道徳的な犯罪であり、両親がこの義務を果たさない場合は、国家は可能な限りで両親の費用負担で義務を果たすよう監督すべきだということが、まだ、認められないままになっているのである。

国民全般を対象とした義務教育を進める責務が〔国家にあると〕いったん認められれば、国家は何をどのように教えるべきかをめぐる諸々の難問に決着がつくだろう。これらの難問のために、現在では、義務教育の問題は教派や政党のたんなる闘争の場になってしまい、教育で使うべき時間と労力が、教育をめぐる言い争いで浪費されている。すべての子どもに良質な教育を求める決意を固める気が政府にあれば、政府自らがわざわざ教育を提供しなくてもよい。政府は、両親が自分たちでよいと思う場所と方法で教育をするように任せ、貧困層の子どもたちの学費の支払いを援助し、子どもたちのために他に誰も費用負担する人がいない場合には、学費全額を肩代わりするだけでよいのである。国家による教育に反対するという理由で主張される反対論は、教育を国家が義務づけることに関しては当てはまらない。反対論が当てはまるのは、国家自体が教育にあれこれと指図する場合であって、これはまったく別の問題である。

国民の教育の全部ないし大部分が国家の手に委ねられるのであれば、これを非難する点で私は誰にも負けない。性格が持つ個性の重要性や、意見や行為の仕方における多様性が持つ重要性について論じてきたことはすべて、教育の多様性という、同じく語りつくせないほど重要なものとかかわっている。国家が国民全般を対象にした教育を行なうことは、人々をたがいにそっくり似ているものへと仕立て上げる手段にしかならない。また、国民を形作るそうした鋳型は、君主、聖職者集団、貴族階級、あるいは現世代の多数者のいずれの政府であれ、支配権力に都合のよいものであるから、そうした教育が有効で成功すればするほど、精神に対する専制を打ち立てることになり、自然の成り行きとして身体に対する専制的支配につながっていく。

国家が学校を設置して統制する、といった形での教育が存在してよい場合もある。ただしそれは、多くの競い合う試みの一つとして、他の教育機関を一定のすぐれた水準へと引き上げるための見本や刺激となる、という目的の場合だけである。たしかに、社会が全般的にかなり後進的状態にあって、政府が着手しなければ、社会として何らかの適切な教育機関を設置できない、あるいは設置しようとしない場合には、二つの大きな害悪〔国民に教育を与えない害悪と、政府が教育に直接関与する害悪〕のうち、より小さな害悪として、政府自らが学校や大学の運営に乗り出すことはあってよいだろう。大規模事業に適した形の民間企業がその国に存在していないときに、政府が株式会社の運営に乗り出すことがあってよいのと同じことである。しかし、一般的に言えば、政府主導の下でも教育を行なえる力のある人が、国内で十分な数に達している場合は、そういう人たちは、学費をまかなえない者への国庫補助に加えて、義務教育を定めた法律によって提供される報酬保障があれば、〔国立の学校で教える代わりに〕自主の原則にもとづいて同程度に良質な教育を行なうことができるし、積極的にそうしようとするだろう。

このような法律〔義務教育を定めた法律〕に実効性を与える手段は、子どもたち全員を対象にした公的な試験を早い時期から始めること以外にないだろう。それぞれの子どもが字を読めるかどうかを確認するために、全員が受験しなければならない年齢を決めておくとよいだろう。字が読めない子どもだと判明した場合は、何か十分な釈明の根拠がない限りは、父親に軽微な罰金を科してもよい。必要な場合は、父親の労働で代納させる。また、子どもを学校に通わせるにあたっては、その費用は父親に負担させる。最低限の一般的知識というものを決めておいて、これを子ども全員が習得した上で保持しておくように、事実上、強制するために、試験は毎年一回、徐々に科目の範囲を広げながら、くり返していくのがよい。

この最低限度よりも上のレベルについては、全科目に任意の試験があればよいだろう。この試験で一定の習熟水準に達した受験者全員は、証明書をもらえるようにしておく。これらの仕組によって国家が世論に対して不適切な影響をおよぼすことを防ぐために、試験の合格に求められる知識（各国言語やその用法といった手段的な知識よりも、もっと高度な知識）に関しては、たとえ上級レベルの試験の場合であっても、事実と経験科学に限定すべきである。宗教や政治、その他の論争的な主題に関する試験は、さまざまな意見について正しいか間違っているかを尋ねたりせず、これこれの意見がこれこれの根拠にもとづいてこれこれの論者や学派や教会で支持されていると いった、事実問題を問うものとする。この方式であれば、現在と同様に、あらゆる論争中の真理とのかかわり方という点で、若い世代は厄介な目に遭わずに済むだろう。彼らは、現在と同じように、国教徒あるいは非国教徒として育成される。国家は、彼らが教育のある国教徒、あるいは、教育のある非国教徒になることに配慮するだけだからである。彼らの両親たちが選択すれば、彼らは何ら妨げられることなく、他の教科を学んでいるのと同じ学校で、宗教教育も受けることになる。

論争の的となっている問題に関して、国家が市民の最終的意見を偏らせようと企てることは、すべて有害である。しかし、どんなテーマが与えられてもしっかりした結論を引き出すのに必要な知識が当人にそなわっていることを、国家が確認し認証するのはまったく正当だろう。哲学を学んだ生徒であれば、ロックとカントのどちらに興味があるにしても、あるいは、たとえどちらにも興味がないとしても、両方とも設問に入っている試験に合格した生徒の方が優秀だろう。また、無神論者の生徒を対象にキリスト教の証しについて試験をしても、その証しを信じていると告白せよといった要求がなければ、そうした試験に反対する合理的な理由はない。

ただし、上級レベルの知識部門に関する試験は、私の考えでは、完全に任意とすべきである。資格を持っていないという理由で、誰であれ特定の専門的職種から締め出し、教職からさえ締め出すような権限を政府に与えてしまうのは、あまりに危険だろう。また、ヴィルヘルム・フォン・フンボルトと同じように、私は次のように考えている。学問的知識や専門的知識の学位や証明書などは、試験を受験し合格した者全員に与えてよい。ただし、社会的に高く評価されている証明書だということ以外に、競争関係にある他の人々よりも有利に働くようなことがあってはならない。

自由についての考え方が的外れであるために、両親の側の道徳的義務は、非常に強力な根拠がある場合でも、つねに無視されている。また、法的義務も、最強の根拠がある場合が多いにもかかわらず、課されていない。これは教育という問題に限られたことではない。一人の人間が存在する原因を作るという事実自体が、人間生活の中で最も責任の重い行為の一つである。誕生してくる子どもに、少なくとも、望ましい人生を過ごすごくふつうの可能性を与えられないのであれば、この責任を引き受けること、つまり、呪うことにも祝福することにもなりうる人生を開始させることは、この子どもに対する犯罪である。また、人口過剰な国やそうなる恐れのある国では、ごく少ない人数を超えて子どもをもうけると、競争によって労賃を引き下げる影響をもたらし、労働への報酬で生活しているすべての人々の利益を深刻に損ねることになる。(11)

ヨーロッパ大陸の多くの国々では、結婚する当事者双方が家族を扶養する資力を持っているると証明できない場合には、結婚を禁止する法律があるが、これは、国家の正当な権限を超えるものではない。また、このような法律は、手段として役に立つにせよ立たないにせよ(これは主に、国ごとの事情や感情に左右される)、自由への侵害として反対すべきものでもない。このような法律は、有害な行為を禁止するための国家干渉である。禁止されるのは、他人に危害を与える行為であり、法的刑罰を科しても意味があるように思えない場合であっても、非難と社会的不名誉の対象にはすべき行為でもある。ところが、現在流布している自由についての考えでは、本人にしか関係しない物事における個人の自由が実際に侵害されても、ごく簡単に屈服してしまう。他方で、自分の好みに従って、したい放題をした結果として、その子どもたちの生活を悲惨で堕落したものにし、また、子どもたちの行状の影響がおよぶ圏内にあることが確実な人々に、さまざまな弊害をもたらしていても、そうした好みに規制を加える企てには、何であれ断固抵抗する。人々が自由を奇妙な形で尊重していることと、人々が自由の尊重を奇妙な形で欠いていることを並べてみると、人は他人に危害を与える権利を必須のものとして持ち、誰にも苦痛を与えずに自分自身を満足させる権利はまったく持っていないのではないか、と思いたくもなる。

政府の干渉の限界に関しては広範囲におよぶ諸問題があり、それらのために、私は本書の最後の部分を残しておいた。これらの問題は、本書の主題と密接に関連している。しかし、厳密に言えば、本書の主題に属していない問題である。これらの問題が生じてくるのは、干渉に反対する理由が、自由の原理に依拠していない事例においてである。問題となっているのは、個人の行為を制限するのではなく、個人を後押しする場合である。問われるのは、人々の利益になる取組を個人や自発的結社に任せずに、政府が〔自ら進んで〕担ったり〔国民が要望して〕政府に担わせたりする方がよいのかという点である。

政府の干渉に向けられる反対論は、政府の干渉が自由の侵害をもたらさない場合には、三種類に分けてよいだろう。

第一の反対論は、政府の取組よりも個人の取組の方がうまくいく可能性が高い、というものである。一般的に言えば、どんな仕事にせよ、それに個人として関心を寄せている人ほど、その仕事に従事することや、どのように誰に仕事をさせるのかを決定することに適任の人はいない。この原則からすると、通常の企業活動に対する立法部や政府職員の干渉という、かつては珍しくはなかった干渉が非難の対象となる。しかし、問題のこの部分は、経済学者たちによって十分に詳しく論じられてきており、また、本書で取り上げている原理と特に関連するものでもない。

第二の反対論は、本書の主題にもう少し近いところで関連している。多くの場合、個人〔一般市民〕は、政府の役人が行なっている特別な仕事を、同じように手際よくはこなせないのがふつうである。それでもやはり、そうした仕事は、個人を精神面で教育する手段として見れば、政府よりもむしろ個人に取り組ませた方が望ましい。つまり、個人の活動的な諸能力を強化し、判断力を発揮させ、処理が委ねられている問題について詳しい知識を与える方策になる、ということである。これが唯一ではないにせよ主な長所となっているのは、陪審員による（政治的性格を持たない場合の）裁判審理、地方や都市自治体における自由で民主的な制度、自発的結社による企業活動や博愛事業である。これらは自由の問題ではなく、自由とは別の性質のものによって、自由の問題と関連しているにすぎない。つまり、資質向上〔市民の公共的な資質向上〕の問題である。(12)

この問題を国民教育の一環として詳しく論じることは、本書とは別の機会の方がふさわしい[13]。なぜなら、これは実際のところ、市民を対象とした特別な訓練であり、自由な国民の政治教育における実践的な部分だからである。これによって、人々は個人や家族中心の利己主義という狭い世界から連れ出され、共通の利益や共通する問題の処理に習熟し、公共的ないし準公共的な動機で行為し、人々をたがいに孤立させるのではなく団結させる目的で行動する習慣が与えられるのである。このような習慣や能力がなければ、自由な国制は機能することも存続することもできない。そのことは、地方レベルの諸々の自由に基礎を置いていない国々で政治的自由が一過性のものに終わるという、あまりにも多すぎる例に示されているとおりである[14]。地元の人々が地域限定の事業を運営することや、資金を自主的に調達する人々が団結して大規模事業を経営することは、個性的な発展や行為の多様性といった、本書で述べてきたあらゆる利点をそなえているから、さらにその点でも推奨に値する。政府の事業は、どこでも同じようなものになりがちである。それとは反対に、個人や自発的結社の場合には、多様な実験があり、経験の多様性も尽きることはない。国家が有益な形で行なえることは、数多くの試行によってもたらされる経験の集積センターとなり、そうした経験を積極的に伝え広めることである。国家がすべきことは、国家が行なう実験以外は許容しないということではなく、実験に携わる各個人が他の人々の実験によって利益を得られるようにすることなのである。

政府の干渉を制限すべき第三の理由は最も説得力のあるものである。つまり、必要のない権力を政府権力に追加するのは大きな害悪だ、という理由である。政府がすでに果たしている役割に、さらに別の役割が上乗せされるたびに、期待や恐れに対しておよぼしている政府の影響力がいっそう拡大し、社会の中の積極的で野心的な人々は、ますます政府や政権獲得を狙う党派にぶら下がるような連中になってしまう。道路、鉄道、銀行、保険会社、大規模な株式会社、大学、社会的な慈善事業のすべてが政府の付属機関になり、さらには、現時点で委譲されている諸々の権限とともに都市自治体や地方行政委員会がまるごと、中央行政の出先機関になったと仮定してみよう。また、これらのさまざまな業務組織で雇用されている人々が、政府によって任用され、給与を支払われ、出世はすべて政府頼みになったとしよう。こうなってしまえば、イギリスにせよ他の国々にせよ、出版の自由と立法部の民主政的な構成のすべてをもってしても、名ばかりの自由な国にしかならないだろう。行政機構が効率的で科学的に構築されるようになればなるほど、さらには、行政機構を動かす最も有能な働き手と頭脳を確保する仕組が効果的になればなるほど、こうした害悪はいっそう大きくなるだろう。

最近、イギリスでは、政府の文官はすべて、この職務に関して最も聡明で教育のある人物を可能な限り確保するために、競争試験で選抜せよ、という提案が行なわれた。(15) これをめぐって、多くの賛否両論が、語られ書かれてきている。反対論者が最も強く主張した議論の一つは、こうである。つまり、終身の国家公務員職というのは、給与や地位の点で最もすぐれた人材を惹きつけるのに十分な将来性がない。彼らはいつでも、もっと魅力的なキャリアを、専門職や会社や他の公的機関の業務の中に見つけることができるだろう、というのである。この議論は、競争試験の賛同者によって、その主要な問題点への返答として使われてもおかしくないだろう。それが反対論者から出てくることの方が大いに不思議である。反対論として主張されている論点は、提案されている仕組の安全弁になっている「政府による優秀な人材の独占を防ぐ役割を果たしている」からである。

国内のすぐれた人材すべてを政府の仕事に引き寄せることが本当に**できる**のであれば、そのような結果をもたらす傾向のある提案が懸念を生じさせるのも無理はないだろう。仮に、組織的協力や広がりのある包括的な見方を必要とする社会的業務のあらゆる部分を政府が手中に収め、政府のどの役職も最も有能な人物によって担当されるようになれば、もっぱら理論的な研究をする人は別としても、幅広い教養や実践的知性を持った国中の人々が全員、大所帯の官僚制に集中してしまい、社会の残りの部分は万事について官僚制だけを頼りにすることになるだろう。つまり、大方の人々は自分たちがしなければならないことすべてに関して、官僚制からの指示や命令をあてにし、有能で野心のある人は、自分の出世のために官僚制を頼ることになる。官僚制の序列に入れてもらうこと、そして、入れてもらえたらその中で昇進することが、野心の唯一の対象になるだろう。この体制の下では、部外者である一般の人々は、実務経験がないために、官僚制の仕事ぶりを批判したりチェックしたりする能力を欠いている。それればかりではない。たとえ、専制的な体制において偶発的に、あるいは民主政的な体制における自然な成り行きのために、改革志向の支配者が頂点に達することがときにあったとしても、官僚制の利益に反するような改革は実行できない。

観察の機会を十分に持っていた人々が説明しているように、こうしたことがロシア帝国の憂鬱な現状である。ツァー〔ロシア皇帝〕本人にしても、官僚集団に対しては無力である。ツァーは官僚の中の一人を誰であれシベリア送りにすることはできるが、官僚集団ぬきの統治や官僚集団の意思に反する統治をすることはできない。官僚集団は、ツァーのあらゆる勅令に対して、たんにそれを実行に移さないことで、暗黙の拒否権を行使できる。ロシアよりも文明が進んでいて反抗精神が強い国々の場合は、社会全般の人々は、自分たちに代わって万事が国家によって行なわれることを当てにする習慣になっているために、あるいは少なくとも、国家からやってくださいと依頼された上にこれこれのやり方でやりなさいとまで言われないことは、一切しない習慣になっているために、当然のことながら、自分たちに降りかかってくる害悪はすべて国家の責任だと考えている。そして、そうした害悪が人々の我慢できる程度を超えると、革命と呼ばれているものを引き起こす。これに乗じて誰か別人が、国民から委ねられた正当な権威を持っていようといまいと、権力の座に飛び乗り、官僚制に向かって自ら命令を出し、万事は以前とほとんど変わることなく動いていく。官僚制は変わらないままであり、誰か他の人が取って代わることもできない。

自分で自分のことを処理することに馴染んでいる国民の場合には、まったく異なった光景が繰り広げられている。フランスでは、国民の大部分に軍務経験があり、その多くは、少なくとも下士官クラスの地位を経験している。こういうところでは、大衆的反乱が起こるたびに、指揮をとることができ、まずまずと言えるような何らかの作戦計画を即座に作ることもできる人物が何人か登場してくる。

フランス人が軍事面を得意にしているのに対して、アメリカ人の場合は、あらゆる類いの非軍事的な仕事を得意としている。アメリカ人を政府なしに放置しても、アメリカ人は誰でも、即座に政府を作ることができる。そして、政府の仕事にせよ、他のどんな社会的業務にせよ、十分な程度の知性と秩序と解決力で運営していくことができる。これこそ、あらゆる自由な国民のあるべき姿である。そして、こういうことができる国民は、間違いなく自由である。こうした国民は、一人の人物なり集団なりが中央の行政の手綱をつかみ取って動かす能力があるという理由で、彼らの奴隷になることはけっしてない。どんな官僚制であっても、このような国民に対しては、国民が嫌っている物事を行なわせたり我慢させたりすることは、望むべくもない。

しかし、万事が官僚制によって行なわれているところでは、官僚制が本気で反対している物事は何であれ、まったく実行不可能である。このような国の国制は、被治者を統治するという目的のために、国民の経験や実務能力を規律された集団へと組織したものである。そして、こういう組織がそれ自体として完璧になればなるほど、社会のあらゆる階層から最も優秀な能力をそなえた人材を取り込んで自分の組織のために教育することに成功し、官僚制の構成員までも含めて全国民に対する束縛はいっそう完全になっていく。〔官僚制の構成員までも含めて〕というのは、被治者が統治者の奴隷であるのと同程度に、統治者たちも自分の組織と規律の奴隷だからである。中国の官僚は、専制の道具であり産物であるという点で、最下層の農民と変わらない。イエズス会はその構成員の集団的な権力と威信のおかげで存在していながら、ひとりひとりのイエズス会士は、これ以下はありえないというレベルまで、この教団の奴隷になっている。

　もう一つ、忘れてならないのは、国内の優秀な能力の全部を統治機関で吸収してしまうと、遅かれ早かれ、この機関自体の知的な活動や進歩的な性質にとって致命的になる、ということである。官僚集団は、このように一団となって組織として仕事を行ない、あらゆる組織と同様に、かなりの程度、固定した規則に従って進んでいかざるをえないから、どんよりとした日常的定型業務《ルーティーン》の中に埋没していく絶えざる誘惑の下にある。ときには、粉ひきの馬のように同じところを回り続ける仕事から逃げ出し、集団内の誰か主導的な構成員が思いついた検討不足の未熟な考えに突進する誘惑に駆られることもある。これらの傾向は、一見したところでは対極的だが、密接に関連している。その唯一の抑制策であり、官僚集団自体の能力を高水準に保ち続けることのできる唯一の刺激策は、この集団の外部にあって同等の能力をそなえた人々による注意深い批判を受けるようにしておくことである。したがって、政府から独立して、そのような能力を育成し、その能力に、重要な実践的問題について正しい判断をするのに必要な機会や経験を与える手段が、必要不可欠になる。技量があっててきぱきとしている役人集団、とりわけ、改善策を新たに生み出すことができたり、改善策の採用に積極的であったりする役人集団を恒常的に持ちたいのであれば、つまり、官僚制をペダントクラシー(16)に堕落させたくないのであれば、人々を統治するのに必要な諸能力を形成し育てている職種の全部を、役人集団が独占してはいけないのである。

人間の自由と進歩をこれほどまでに脅かす弊害はどこから始まるのだろうか。あるいは、次のように言いかえてみよう。皆が認めた指導者の下で社会の力を集団的に行使することは、利益をもたらす。そうした力の行使によって、社会の利益の前に立ちはだかる障害が除去される。また、社会全般の活動の中で政府関連の経路に流れ込んでいく部分が、過大にならない限りでのことだが、集中化された権力や情報の持つ利点も確保される。これらの利益を、今述べた脅威的な弊害が上回り始めるのはどこからだろうか。これは、統治の技術における最も困難で複雑な問題の一つである。かなりの程度、細かい点にかかわる問題であって、多くのさまざまな考慮を念頭に置かなければならないし、絶対的な規則を定立できない問題でもある。しかし、私の考えでは、実務上の手堅い原則、つねに念頭に置くべき理念、困難を克服することを意図したあらゆる仕組を評価する基準は、以下のように言ってよい。つまり、効率性と両立する最大限の権力分散、ただし、最大限可能な情報の集中と中心部からの情報の拡散、である(17)。

この考え方で行くと、都市自治体の行政では、ニューイングランド諸州〔アメリカ北東部の諸州〕の場合と同じように、直接の利害関係者に委ねない方がよい業務はすべて、十分に細かく分けた上で、地元住民が選出したそれぞれ別々の役人が担当することになるだろう。ただし、これに加えて、地方業務の各部門に対して中央から監督を行なうために、全国政府にもそれぞれの業務ごとに機関を設置しておく。この監督機関がいわば焦点のようになって、すべての地方における公的事業のうちの担当部門の業務、諸外国において行なわれている類似のあらゆる業務、それに政治科学の一般的な諸原理のそれぞれから得られた多様な情報や経験を、自分のところに集約する。この中央機関には〔各地で〕実施されたすべてのことを知る権限を持たせ、ある場所で得られた知見を別の場所でも活用できるようにすることを、この機関特有の職責とすべきである。中央機関は、高所からの包括的な視野のおかげで地方の些末な偏見や狭い見方にとらわれずに済むから、その助言はおのずから十分に権威あるものとなるだろう。ただし、常設の制度としてのこの機関の実際の権限は、私の考えでは、地方の役人に向けた指針として定められた法律に彼らを従わせることに限定すべきである。一般的規則で規定されていない事項はすべて、地元選挙民に対する責任を負わせた上で地方の役人自身の裁量に委ねた方がよい。規則違反に関しては、地方の役人は法的責任を問われることとし、規則そのものは〔国の〕立法部が制定すべきである。中央の行政機関は、地方の役人の業務遂行を監視するだけにとどまり、彼らが適切に業務を行なっていない場合は、それぞれの事例の性格に応じて、裁判所に法的な強制を求めたり、法の趣旨に即して業務を行なわなかった役人を解任するよう地元選挙民に訴えたりすればよいだろう。

全国各地の救貧税の執行担当者に対して、救貧法委員会(18)が行使しようとしている中央の監督権限とは、おおよその考えとしては、以上のようなものである。救貧法委員会はこうした限界を超えて権限を行使することもあるが、それらはいずれの場合も、地方ばかりでなく国全体にかなりの影響を与えている問題で不適切な措置が根強い習慣として続いているのをただすための権限行使であり、そういう特殊な事例では正当であり必要なことであった。なぜなら、地方が不適切な措置によって自分のところを貧民の巣窟にしてしまうと、当然、貧民は他の地方にもあふれ出し、労働者層全体の状態を精神面でも身体面でも損ねることになってしまうからである。地方にはそのような事態を招く道徳的権利はない。救貧法委員会が持つ行政的強制力や付随的法令を制定する権限は、最も重要な国民的利害にかかわるケースでは完全に正当なものである(もっとも、この問題に関する世論の現状のために、ほとんどまったく行使されてはいない)。とはいえ、こうした権限は、もっぱら地方的利害にしか関係しない事柄への監督に関してはまったく不適当である。しかし、すべての地方に向けて情報や指導を伝える中央機関であれば、行政のどの部門でも同じように価値のあるものとなるだろう。個人の努力や向上を妨害するのではなく、それらに援助や刺激を与えるような類いの活動であれば、政府が活動しすぎるということはありえない。

弊害が生じ始めるのは、政府が個人や団体の活動や力を喚起するのではなく、個人や団体の活動を政府の活動にしてしまうときである。つまり、情報や助言、また、ときには警告を与えるというのではなくて、個人や団体の仕事を束縛したり、仕事を止めるよう命令して代わりに自らがその仕事をしてしまったりするときである。長期的に見れば、国家の価値は国家を構成している個人の価値である。だから、行政の手際のよさをわずかばかり高めるために、あるいは、細かい業務に慣れれば得られるような手際のよさらしきものを高めるために、個人の精神的な拡大や向上という利益を後回しにする国家、有益な目的の場合であっても個人を国家にとってもっと従順な道具になるよう自国民を矮小化する国家は、こう思い知るだろう。矮小な人物は実際のところ偉大なことは何も達成できない。国家がすべてを犠牲にして求める機構の完全さなどというものは、機構をもっと円滑に動かそうとして国家が取り去ってしまった活力の欠如のために、結局のところは、何の役にも立たないのである。

訳注

序・献辞

(1) ヴィルヘルム・フォン・フンボルト(一七六七―一八三五年)は、ドイツの言語学者で、フンボルト大学の創設者。プロイセン王国政府の外交官を務めたこともあった。『統治の領域と責務』は一七九二年に書き上げられていたが、公刊されたのは、フンボルト没後の一八五一年である。ドイツ語の原題は *Ideen zu einem Versuch, die Grenzen der Wirksamkeit des Staats zu bestimmen*(『国家活動の範囲を規定するための試論』)。英訳版は *Sphere and Duties of Government* のタイトルで一八五四年に刊行。ミルの引用は、この英訳(Chapter VI, p.65)からのものである。邦訳、フンボルト『国家活動の限界』(西村稔編訳)、京都大学学術出版会、二〇一九年、六六頁。本訳書では、ミルが引用している英文を訳出している。

(2) ハリエット・ミル(一八〇七―一八五八年)。ハリエットは、本書が公刊された一八五九年の前年に亡くなったばかりだった。

（3）ハリエットが『自由論』の内容に（さらにはミルの思想全体に）与えたかもしれない影響については、研究者のあいだでさまざまな議論が行なわれている。しかし、ハリエットの影響は皆無だったとか、逆に、ミルはハリエットのたんなる代弁者でしかなかった、といった極端な見方はできないとしても、影響がどのような、どの程度のものであったのかを確定するのも困難である。

第一章

（1）「哲学的必然性と誤って名づけられた説」とは、ミルが宿命論として批判している考え方である。ミルによれば、特定の原因があれば人間の意志には左右されず必然的に特定の結果になるとする見方は、必然性の意味を誤解した宿命論に過ぎず、「哲学的」とは言えない。他方、これと対立する形で主張されている自由意志説も、因果性（原因と結果の必然的関係）自体を否定しているので、科学的探究の基礎にはなりえない。科学的探究の前提となる因果性を正しく理解しているのは、ミルの考えでは、人間の意志をも原因と認める決定論である。以上は、ミルの『論理学体系』（一八四三年刊）の最終巻で、人間精神にかかわる科学的探究の方法を論じる際の大前提として詳論されている。また、ミルは『代議制統治論』（一八六一年刊）の第一章でも、何かを実現しようとする人間の意志の有効性を肯定した上で、人間の力に可能なことと因果法則との関係について次のように論じている。「人間の力にはきわめて厳しい限界がある。人間の力は、自然の力を一つあるいはいくつか動かすことによってしか作用しえない。したがって、望まれている用途に適用できる力が存在していなければならないし、その力はそれ自体の法則に合うときにしか作用してくれない。」なお、本訳書では、以上のような因果性に関連した哲学的議論や強い心理的志向を示す場合に「意志」と表記し、人々の意向や願望を意味している場合は、「意思」を用いている。

(2)　ミルは、そうした例外的思想家の一人としてトクヴィルを念頭に置いている。アレクシ・ド・トクヴィル(一八〇五—一八五九年)は、フランスの政治思想家・政治家。ミルとの交友もあった。ミルはトクヴィルが亡くなる直前に、『自由論』をトクヴィルに寄贈している。

(3)　国民の一人一人がそれぞれ別個に、自分の実際の意向通りに自分一人を統治しているわけではなく、たとえ一個人の意向に反していても、その個人は国民の一人として、国民全般の意思によって統治されている、ということである。

(4)　原語は the tyranny of the majority である。この表現はトクヴィル『アメリカのデモクラシー・第一巻』(一八三五年刊)の第二部第八章のタイトル la tyrannie de la majorité に見られる。これをきっかけに、イギリスでも(特にデモクラシーに反対する立場の論者たちによって)広く使われるようになった。なお、ミルは(トクヴィルも同様だが)tyranny と despotism を区別せず、the despotism of the majority という表現も用いている。彼らの場合、いずれの表現も、自由を圧殺する抑圧的な支配体制を指していると見てよい。ただし、一八世紀までは、ルソーが指摘したように（『社会契約論』第三篇第一〇章）、また、アリストテレスの『政治学』（第三巻第六章）にも見られるように、tyranny は権力の簒奪によって成立しているために正統性を欠いている統治体制（僭主政）を指し、despotism は奴隷の支配を意味し通常の国制分類には含めない（非ヨーロッパ世界の統治体制の場合は別として）という、古典的な区別の仕方もあった。

（5）「人々の生活にとって大切なもの」とは、身柄や所有物など各人の生活にとって死活的に重要なものを指している。そういう重要性のために、それらに加えられる危害を抑止するルールが、必要不可欠になるわけである。

（6）行為のルール（規範）に従うよう人々を動機づけるもの（ミルやベンサムはこれを「サンクション」と呼んでいる）は、ミルやベンサムの考えでは、法的刑罰と社会的非難（世論による非難）への恐れである。本章で示されているように、ミルは自由を抑圧する手段が法律ばかりでなく世論であることも警告するのであるが、しかし、ここに見られるように、行為に関する正当なルール（功利主義者ミルにとっては、社会全般の利益に合致する行為のルール）を強制する場合、法律だけでなく、世論の強制的性格もまったく否定していない。この点は注意が必要である。本章二七頁参照。

(7)　人間には生まれながらの道徳感情があり、これが道徳規範の基礎になっているという考え方。ミルはこのような見方から、道徳感覚や道徳感情を重視する一八世紀スコットランドの思想家たち(トマス・リードなど)に批判的だった。

(8)　自己中心的であるのは、自分だけが世俗の支配者に優遇されることや神に救われることを見込んだ隷従であるためである。

(9)　正当な行為規範の根拠を社会全般の利益とする功利主義の立場をとるミルにとって、客観的な社会全般の利益からも生じてくるような共感や反感と、主観的恣意的な共感や反感とを区別することは、非常に重要だった。なぜなら、主に伝統的支配層のそのような主観性や恣意性を道徳や政治から排除することが、功利主義的改革のめざすところだったからである。ミルはベンサムの人間理解の狭さを批判しつつも、この区別を重視する改革志向をベンサムから引き継いでいた。

(10)　宗教的信条は個人的な問題ではなく、他の人々の救済にもかかわる公的事柄だから、個人の勝手は許されない、という考え方を指している。

(11)　ユニテリアンは、三位一体説を否定しイエス・キリストを人間としてとらえる教派の人々。

(12)　普通の人間理性の理解力を超えたところで存在する神を信仰する宗教。ここでは聖書に啓示された神を信仰するキリスト教一般を指している。

(13) 国王の権力を議会が制約する体制が早くから成立していたことを指している。
(14) ミルが的外れと考えている事例の一つには、義務教育の導入について、親の自由の侵害だとする感情的な反発がある。この事例は本書第五章で取り上げられる。
(15) この原理は、後世の研究者たちによって、「自由原理」とか「危害原理《ハーム・プリンシプル》」と呼ばれている。ミルは、ここでは「非常に単純な原理」と表現しているが、ミル自身が本書第四章で詳しく説明しているように、この原理が実際に適用されるとなると、さまざまな前提や限定が複雑に絡んでくることが明らかになる。この点については、さらに解説も参照。
(16) ミルは概して、無制約の権力を含意する「主権」や「主権者」という語を使うことに非常に慎重である。ここでの用例は異例と言ってよく、ミルが個人の独立の重要性を特段に強調していることを示している。ただし、このような修辞にもかかわらず、同時にミルが個人的な事柄に関して説得などの非強制的性格の働きかけを本人以外の人々に認めている点も、見落としてはならないだろう。
(17) アクバル(一五四二—一六〇五年)はムガル帝国の君主(在位は一五五六—一六〇五年)。インドに大帝国を築いた。
(18) シャルルマーニュ(七四二—八一四年)はフランク王(在位は七六八—八一四年)。カール大帝とも呼ばれる。西欧を広く支配しローマ皇帝(在位は八〇〇—八一四年)にもなった。
(19) つまり、効用(utility)を究極の基準とする功利主義(utilitarianism)の立場をとる、ということである。ただし、効用についてのミルの見方は、後続の文章で示唆されているように、ミルの父ジェイムズやベンサムとは異なっている。これについては、解説を参照。

(20)　たとえば、経済活動であり、ミルはこの理由から、自由貿易や、政府による国内市場の統制反対を主張していた。これについては、本書第五章の二〇九―二一〇頁を参照。なお、ミルがここで、この種の行為について、厳しい自己規律を行為者に求めていることは、注目すべき重要な指摘と言えるだろう。

(21)　オーギュスト・コント(一七九八―一八五七年)はフランスの社会学者。『実証政治学体系』は、一八五一年から一八五四年にかけて公刊されている。ミルはコントの社会科学方法論を高く評価する一方で、女性を劣等者と決めつけた点や専制的な社会体制を提唱した点を強く批判した。ミルはこのようなコント批判をまとめて『オーギュスト・コントと実証主義』(一八六五年刊)を著わしている。

(22)　「最善の感情」は他人への共感を指しており、「最悪の感情」は他人に対する支配欲を意味している。

(23)　法や政策の基本的趣旨を規定している不文律(社会全般のコンセンサス)を意味している。ミルは、『代議制統治論』でも、特に権力を持つ個人や集団の自己抑制の必要性と関連させて、政治道徳に言及している。

第二章

（1）一八五八年一月に起きたフランス皇帝（ルイ・ボナパルト）の暗殺未遂事件（オルシーニ事件）に関連した二件の訴追事件。イギリスでは同年、皇帝暗殺を煽動した文書の刊行に関与したとして、二人の人物がそれぞれ別々に訴追された。いずれの事件も王座裁判所で審理され、結果は無罪だった。

（2）この第一の論点をめぐる議論は、本章の八〇頁まで続くことになる。

（3）ほとんどの判断は、事実に関する単純明快な知覚経験にもとづくというよりも、事実の持つ意味に関する解釈にもとづいているから、解釈の訂正につながるような議論や批判という手段を確保する必要がある、ということである。

（4）あえて反論をすることを任務とするカトリック教会内の職務の担当者。

（5）トマス・カーライル『スコット伝への覚書』（一八三八年刊）の中の表現。トマス・カーライル（一七九五―一八八一年）は、スコットランド出身の文人・思想家。ミルとカーライルには交友もあったが、感情のすれ違いや意見の対立のために離反することになった。

（6）ダンテ『神曲・地獄篇』の中の言葉。

（7）イエスが自分は神の子であると認めた言葉（マタイによる福音書二六・六四―六五）を指している。

（8）ローマ市民に生まれたパウロ（生年不詳―六五年？）は、当初はキリスト教徒の迫害に加担していたが、やがて神の声に導かれてキリスト教の使徒になった。

(9) マルクス・アウレリウス・アントニヌス(一二一―一八〇年)は、第一六代ローマ皇帝(在位は一六一―一八〇年)。ストア哲学を説いた学識ある皇帝として知られている。

(10) ストア哲学が、情念に一切動かされない魂の状態(アパテイア)を理想とし、それを実際の生活で厳格に実践しようとしたことを指している。

(11) コンスタンティヌス(二七〇年代―三三七年)はローマ皇帝(在位は三〇六―三三七年)。三一三年にキリスト教を公認したが、キリスト教を世俗統治のために利用しようとする思惑があったと言われている。なお、正確には、キリスト教がローマ帝国の国教とされたのは、三九二年、テオドシウス帝によってである。

(12) サミュエル・ジョンソン(一七〇九―一七八四年)は、イギリスの文人。英語辞典の編纂で知られている。ジョンソン博士(ドクター・ジョンソン)と呼ばれることが多い。

(13) ジョンソン流のこういう主張は、迫害を許容しているとしても、無謬性の想定にもとづいて新しい真理を真向から否認しているわけではないから、少なくともそうした否認に向けられる非難は該当しない、ということであろう。

(14) 古代ギリシャでは初めて成文法典を持ったと言われている都市国家ロクリスの人々。

(15) アルナルド・ダ・ブレシア(一〇九〇―一一五五年)、フラ・ドルチーノ(一二五〇―一三〇七年)は、いずれも中世イタリアで教会を批判して改革に乗り出し、そのために処刑された。ジローラモ・サヴォナローラ（一四五二―一四九八年）は、イタリア出身のドミニコ会修道士。激しい教会批判を行ない、一時はフィレンツェで神権政治を行なったが、最後は火刑に処せられた。マキャヴェリ『君主論』でも言及されている。

（16）アルビ派は、一二世紀末にフランスに登場した教派でカタリ派とも呼ばれる。ヴァルド派も一二世紀末にフランスに登場しており、清貧と禁欲を説いた。ロラード派は一四世紀中頃、イギリスで始まり、カトリック改革を提唱した。フス派は、一五世紀前半のチェコの神学者フスによるカトリック教会批判から始まった。いずれも異端として厳しく弾圧された。

（17）メアリ女王（一五一六―一五五八年）は、イングランドの女王（在位は一五五三―一五五八年）として、宗教改革を覆しカトリックに戻すためにプロテスタントを弾圧したが、在位五年ほどで亡くなった。

（18）エリザベス女王（一五三三―一六〇三年）は、メアリ女王の死後、長期にわたり王位にあって（在位は一五五八―一六〇三年）、イギリス国教会を基軸とする安定した国家体制を確立した。

（19）地獄への恐怖は、真の信仰心や良心という立派な動機ではなく、現世や来世での自分自身の損得や保身だけを考える不純な動機だ、ということである。ミルは本書で、このような利己的動機に依存する信仰のあり方を繰り返し批判している。

(20) インドは東インド会社によって間接統治されていたが、一八五七年に、東インド会社のインド人傭兵が反乱を起こした。セポイの反乱と呼ばれたこの反乱は、すぐに北インド全域に広がり大規模なものとなった。東インド会社は増強した軍隊で鎮圧にあたり、デリーを制圧。反乱軍に担ぎ出されたインドのムガル皇帝は捕らえられ、ムガル帝国は滅亡した。翌年の一八五八年に、イギリス政府は東インド会社を解散し、インドを直接統治することになった。

(21) 当時の内務省政務次官(W・N・マッセイ)のことを指している。

(22) 自分たちの誤りを気づかせてくれる機会を失う、という損害を指している。

(23) デモステネス(紀元前三八四頃—紀元前三二二年)は、マケドニアに対抗してギリシャの独立を訴えた古代アテネの弁論家。

(24) マルクス・トゥッリウス・キケロ(紀元前一〇六—紀元前四三年)は、共和政ローマ末期の政治家、弁論家、哲学者。

(25) キリスト教神学者、テルトゥリアヌス(一六〇?—二二〇年?)『護教論』の一節。

(26) ジョン・ノックス(一五一〇—一五七二年)は、カルヴァンの下で学んだスコットランドの宗教改革者で長老教会の創始者。

(27) 匿名の著者『隠遁と俗世に関する考察』(一八三五年刊)からの引用。

(28) ミル自身、『経済学原理』(一八四八年刊)の中で、人類が将来、自然を残し心を豊かにするために、物質的な繁栄の追求を自発的に断念し、経済成長が停止した「静止状態」を選択することは、望ましいことであり可能なことでもある、と論じていた。

(29) トロント大学版テクストの編集者注によれば、コーランにこの一節はなく、一八世紀末に出版されたイスラム法注釈書に類似のものが見られるとのことである。

(30) イエスが「実のならないいちじく」のたとえ話をする中で登場している表現(ルカによる福音書一三・七)をもじっている。

第三章

(1) 次のパラグラフで論じられるように、個性を追求するか、それとも伝統や慣習を尊重するするか、そのどちらをとるかという二者択一の問題ではなく、両者をどのあたりでうまく折り合わせるかという意味で、程度の問題だ、ということである。

(2) 「愛情とか、他人の権利とかにかかわってこない場合」という限定があるのは、他人への愛や他人の権利の尊重に関しては、行為者本人の感情や性格がどのようなものかにかかわりなく、他人への配慮や義務の感情から行為する習慣を身につけることが、絶対に必要だからである。愛情を欠いた冷酷さや他人を傷つけるような攻撃性は、生き生きとした個性の発現という問題の埒外にある、ということである。

(3) ミルはここで、行為の動機を重視して評価する見方を強調しているが、行為の結果を重視して評価する見方（功利主義の道徳に特徴的な見方）を否定しているわけではない。他人の重要な利益に影響を与える場合には、行為の結果を優先的に判断すべきだ、とミルは考えている。つまり、ミルの考えでは、問題は、二つの見方のどちらが普遍的に正しいのかということではなく、どんな場合にどちらを優先すべきかを見極めるところにある。

（4）　ここでの「性格（character）」という語は、精神や行動傾向の類型という一般的で中立的な意味ではなく、望ましい資質をそなえている人物を指すために用いられている。オックスフォード英語辞典（第二版）では、character の語意の一つとして、「力強く発達している道徳的資質、あるいは際立った形で示されている道徳的資質。際立った特徴。論じる価値のある特性」という説明を与え、用例の一つとして、この部分のミルの文章を引いている。他に、同じ語意の用例としては、イギリスの詩人、アレクサンダー・ポープ（一六八八―一七四四年）による書簡体の作品（一七三五年）に加えて、ミルの父であるジェイムズ・ミル（一七七三―一八三六年）の文章（『英領インド史』一八一八年）もあげられている。このことから、ジョン・ミルが父ジェイムズの語法を引きついだ可能性も推測できそうである。

（5）　自分よりも社会的地位の高い人々を外形的に模倣して満足する俗物根性（スノビズム）を指している。

（6）　アルキビアデス（紀元前四五〇頃―紀元前四〇四年）は、古代アテネのデマゴーグ的政治家。敵国スパルタに通じるなど問題行動が多かった。

(7) ペリクレス(紀元前四九五?—紀元前四二九年)は、古代アテネ最盛期の政治家。デマゴーグ的な一面もあったと言われることもあるが、ペロポネソス戦争の戦死者に向けた葬送演説でアテネ民主政を賞賛したことで有名である。ここでは、公共精神をそなえつつおおらかな個性を発展させた人物として取り上げられている。

(8) ジョン・スターリング(一八〇六—一八四四年)は、ミルの青年時代からの親友。ロマン主義的傾向を持つ著述家で、詩人のテニスンや文人カーライルとも親交があった。

(9) ここでは、個人の自由の、個人にとっての価値と社会にとっての価値との関係に関するミルのとらえ方が暗黙の前提とされていて、文意がわかりにくくなっているので補足しておく。ミルは功利主義の立場をとっていて、社会全般の効用を道徳や政治における究極の判断基準としている。個人の自由を正当化する根拠も、社会全般の効用である。ただし、他人の利益を害さない個人的行為を評価する場合は、他人の利益や社会全般の利益に対する間接的影響まで評価しなくても、自由の社会的効用は十分に示すことができる。なぜなら、個人の自由は、そもそも、そうした間接的影響のうち負の影響がない範囲に限定されているからである。このような自由は、行為者本人の個性を発展させ充実した人生を可能にすることで、各行為者の幸福を増大させるから、個人の生活の最善の条件だと言える。その場合、各人の幸福を合計した社会全体の幸福も増大している。したがって、個人の自由は、当人の幸福にとって最善の条件であることが確認されれば、それだけで社会的効用の見地から十分に正当化されたことになる。これが、「これで議論を終えてもよいのかもしれない」とミルが述べている理由である。とはいえ、行為者本人の幸福を増大させる自由の価値を実感できない人々は、各個人の幸福を合計する観点から見た社会的効用の増大も理解できない。しかし、この点で社会全般の理解が得られないと、個人の自由の確保が難しくなるから、他人や社会全般へのプラスの間接的影響(社会的効用)を、こういう人々にもわかるように、目に見える形で示す必要が出てくる。これが次のパラグラフ以降の議論の趣旨である。

(10)　これ以降の議論は、たんに説得のための補足的な議論にとどまるものではなく、行為の自由が行為者本人にとって価値あるものであるとともに、社会的にも貴重な価値があるというミルの深い確信を示すものでもある。

(11)　イエスの「山上の垂訓」の中に出てくる言葉(マタイによる福音書五・一一三)。

(12)　社会的効用を道徳や政治の究極の判断基準とする功利主義は、時代遅れになって多くの人々が無意味で無駄だと感じている制度や法律を変えようとする改革には、強い後押しになるが、少数の先進的な人々にしか理解できない社会的効用を多くの人に理解させようとするときには、どうしても多くの人々の謙虚さや思慮に訴えるこのような論法にならざるをえない。ただし、功利主義でなくても、相互性(自他に共通するもの)や平等性を重視する道徳理論であれば、こういう場面では同様の困難に直面せざるをえないだろう。

（13）ミルは、すぐれた少数者による行政を多数者や多数者の代表が監視統制する統治のあり方を、『代議制統治論』（一八六一年刊）で詳しく論じることになる。

（14）ミルは、トマス・カーライル『英雄と英雄崇拝』（一八四一年刊）を念頭に置いている。ミルとカーライルは凡庸化・画一化した時代に対する批判的な見方という点でたがいに共鳴していたが、ミルはやがてカーライルの権威主義的姿勢に反発するようになり、両者の交流は途絶えることになった。

（15）奇矯《エキセントリック》であることの望ましさに関するミルのこうした強調は、それだけでは極論に響くかもしれないが、社会の画一化に対するミルの危機意識、および、個性と慣習は二者択一の問題ではなく、両者のあいだでどのようなバランスをとるかという程度の問題だという基本姿勢（本書一三〇頁）と重ね合わせて理解する必要があるだろう。

（16）アレクシ・ド・トクヴィル『旧体制と大革命』（一八五六年刊）。

第四章

（1）長い目で見たときの自分の幸福を尊重する思慮、自分を向上させようとする意欲、他人への共感など、本人の人格的価値となる徳を指している。

（2）他人に危害を与えることを自制する徳、つまり正義の徳。ミルは、同じものを「道徳的義務の感情」、「良心」と呼ぶこともある。

(3) 他人に向けられた行為が他人の利益を害する場合には、社会は干渉する必要があるから、そうした行為をする個人に強い関心を持たざるをえない、ということである。

(4) たとえば、ベンサムは、各人の好みを見下すような評価の仕方については、主観的で僭越であるとして批判的だった。ミルはこのような見方を退け、種々の快楽に優劣の点で質的な差異を認める意義を強調した。ただし、これ以後に示されるように、質的差異についての判断基準を絶対化して権力で押しつけることには、ミルは強く反対している。

(5) この限定がつくのは、ミルが繰り返し指摘しているように、本人自身にしかかかわらない欠陥でも、それを目にした他の人は、できるだけ、それを是正するように説得したり忠告したりするのが望ましい(そうしなければならない義務まではないとしても)という考えがあるためである。

(6) 「貪欲」という訳語が一般的であるが、たんに強い所有欲というのではなく、他人よりも多く持ちたい、独り占めしたい、という欲望を意味している。プラトンの『国家』や『ゴルギアス』でキーワードとして登場している。また、『新約聖書』でも頻出している。

(7) ミルは「道徳」という語を、ここでの用例のように厳密な形で用いるときには、他人の利益や権利を保護する(人々のあいだに正義を確立する)ための規範という意味に限定して用いており、後出の「思慮分別」や「自己の尊重」と明確に区別している。

（8） 自分自身の損得を冷静慎重に考えること。
（9） ジョージ・バーンウェルは、劇作家ジョージ・リロ（一六九三―一七三九年）の作品『ロンドンの商人』の登場人物。
（10） ここで言われている「不合理な」行為とは、思慮分別を働かせれば行為者本人の利益にならないことがわかる行為を意味している。
（11） 「ピューリタン革命」の後、フランスに亡命していた皇太子チャールズがイングランドに戻り、一六六〇年にチャールズ二世として即位（王政復古）して以後の時期を指す。
（12） 八世紀にペルシャからインドに逃れたゾロアスター教徒の子孫で、主にボンベイ（ムンバイ）近辺に住んでいる人々。
（13） 一八世紀イギリスでジョン・ウェスリー（一七〇三―一七九一年）が創始したプロテスタント系の教派であるメソディズム派に属する人々。日常生活の規律を重視し、貧民救済などの慈善活動に熱心な教派として知られていた。
（14） アメリカのメイン州では一八五一年に禁酒法が成立し、その後この法律は「メイン法」と呼ばれるようになるとともに、他の諸州に波及していった。なお、ここで言及されている「イギリス植民地」がどこを指しているのかは不明。
（15） 一八五三年にマンチェスターで創設された禁酒運動団体、「連合王国同盟（The United Kingdom Alliance）」。

(16)　エドワード・ヘンリー・スタンリー(一八二六―一八九三年)は、一八五〇年代から六〇年代にかけて首相になったエドワード・スミス＝スタンリー(第一四代ダービー伯爵)の息子。保守党(後に自由党、さらに統一自由党に移籍)の政治家。人道主義の立場からイギリスの対外戦争に反対する一方で、植民地相やインド担当相を歴任した。同盟とスタンリー卿とのあいだでやり取りされた書簡は、当時の『タイムズ』紙(一八五六年一〇月二日)に公表された。

(17)　タキトゥス(五五頃―一二〇年頃)の『年代記』で引用されている言葉(第一巻・七三節)で、ティベリウス(第二代ローマ皇帝)の書簡の一節。

(18)　一八三〇年に、アメリカのニューヨーク州でジョセフ・スミス(一八〇五―一八四四年)によって創設された宗教。後に撤回されることになるものの、当初は一夫多妻制を採用していた。迫害を逃れてたどり着いたユタ州ソルトレークシティーに本拠を構えた。神によってアメリカ大陸の古代住民に与えられたといわれる預言の書『モルモン書』を聖書とともに聖典としている。

(19)　この一文が今の文脈以外でも、無条件的に妥当する普遍的な言明だとミルが考えているかどうかについては、慎重に見る必要があるだろう。なぜなら、ミルは、文明国(たとえばイギリス)が、未開国あるいは文明化が不十分な国(たとえばインド)を専制的に支配することを、あくまでも文明化を促進する目的でという条件付きではあるが、また「権利」だとまでは言わないものの、認めているからである。この点へのミル本人の言及として、本書第一章二九頁を参照。

第五章

（1）第一の原理は、ミルが「自由の原理」と言いかえているものである（本書二九頁、二〇四頁）。第二の原理は、この「自由の原理」を裏返したものであり、「正義の原理」と呼ぶこともできるだろう。つまり、社会構成員の身柄や所有物の安全を等しく保護するという意味での正義の観点から、社会による干渉を正当化する原理、ということである。

（2）このように、ミルは「交易の自由」を認めているが、その根拠は、本書が主題として取り上げている自由の原理ではなく、交易の自由が一般的には社会全般の利益にかなうという経済的事実である。ミルは自由主義者と呼ばれているために誤解されかねないが、ここで明言されているように、『自由論』は経済的自由主義を主題とした書物ではない。

（3）犯罪目的かそうでないかは、実際に犯罪が行なわれてからでなければわからないのだから、事前に制限するかしないかを判断するのは不可能であり、結局、一律に制限するかしないかしかない、ということである。

（4）ベンサム『法廷証拠論』（一八二七年刊）第一巻第一四章、編者はＪ・Ｓ・ミル。

（5）本章の冒頭（二〇八頁）で言及されている二つの原理を指している。第一の原理（自由の原理)は、行動が本人以外の誰の利益にもかかわらない限り、その個人は自分の行動について社会に対して責任を負わされない、ということ。第二の原理(正義の原理)は、他人の利益を侵害するような行為に対しては行為者が責任を負うべきであり、もし社会的処罰や法的処罰が他の個人や社会を守るために必要な場合には、その個人への処罰が許容される、ということ。

(6) 本書第一章、三三頁。

(7) 奴隷になることを自分で選択した時点では、その選択が本人の意思だと推定できるとしても、以後、奴隷状態に移ってしまえば、本人の意思で自分の処し方を選ぶこと自体が放棄されているので、本人が奴隷状態にとどまっているという事実があっても、そのことを望んでいるのか(あるいは気が変わって望まなくなったのか)、推定のしようがない、ということである。

(8) 単独の個人の自由に関する限界を検討してきたこれまでの議論に代わって、以下の議論では、何人かの人間が第三者の利益を害さない範囲で自由に結びついたあとで、その自由な結合を自由に解消することは無条件的に可能なのか、それとも、そのような自由にも何らかの限界があるのかが、婚姻の解消という実例で検討されることになる。

(9) ミルは本書の冒頭(七頁)と第三章(一一九頁)で、この本(フンボルト『統治の領域と責務』)の一節を引用している。

(10) この点について、ミルは後に『女性の隷従』(一八六九年刊)で詳しく論じることになる。

(11) ロバート・マルサス(一七六六―一八三四年)は、主著『人口論』(一七九八年刊)において、人口の増加は食料の増加よりもはるかに急速であり、そのため人口過剰と貧困化が生じると指摘した。ミルはマルサスのこの指摘を受け容れる一方で、人口過剰と貧困化が社会制度で対応不可能な必然であるとするマルサスの見方は退け、産児制限による対応の可能性と必要性を、終生、主張し続けた。

(12) このパラグラフと次のパラグラフでは「自由」という語が異なる(といっても無関係ではない)意味で使われているので、注意が必要である。「これらは自由の問題ではなく」という部分では、「自由」は、本書で主張されている自由の原理(他人に危害を与えない個人的行為は自由である)で確保されるべき自由である。他方、次のパラグラフで言及されている「自由な国民」、「自由な国制」、「地方レベルの諸々の自由」、「政治的自由」は、政治(国民全般にとっての共通の利益や共通する問題の処理)において国民全般の意思が反映されている状態に関連している。こうした言及がミルの政治思想を理解する上で持つ意味については、解説を参照。

(13) この点はのちに、『代議制統治論』(一八六一年刊)の第一五章(「地方の代表機関について」)で取り上げられることになる。そこでは、市民の政治教育の機会として、『自由論』

と同様に、陪審員制度や地方行政を民主的に管理統制する代表機関(地方議会や地方の貧民保護委員会)への参加が言及されている。ただし、代表機関への参加は、アメリカのタウンミーティングのような直接参加ではなく、選挙人や代表者としての参加である。また、具体例は示されていないが、抽籤や輪番による地方行政への参加についても触れられている。なお、付言すれば、『代議制統治論』では、市民の政治教育の重要性が力説されるとともに、さらに、市民の政治教育と地方行政における公正や効率とのバランスにも配慮する必要性が説かれている。

(14)　ミルが主に念頭に置いているのは、中央集権の国であるフランスの例だろう。フランスでは一八四八年の二月革命によって共和制が成立したが、一八五一年のルイ・ボナパルトのクーデタで覆されて、皇帝独裁の体制になっていた。

(15)　一八五三年に発表された『ノースコート＝トレヴェリアン報告』で、公開競争試験による公務員採用が提唱されたことを指す。この頃までのイギリスの公務員のリクルートは、縁故採用・情実採用によっていた。ミルは公務員の採用制度について、『代議制統治論』第一四章(「代議制統治体制の執行部について」)で詳しく論じている。

(16)　もったいぶった形式主義者の支配を意味するミル本人の造語。pedant(衒学的な形式主義者)とcracy(支配)とを合成したもので、ミルは本書以前にコント宛て書簡でこの語を使っている。また、『代議制統治論』でもこの語が使われている。

（17） この考え方にもとづいた地方行政と中央政府との関係については、『代議制統治論』第一五章（「地方の代表機関について」）であらためて取り上げられることになる。

（18） イギリスでは、一八三四年の新救貧法成立により、貧民救済行政を全国的に所管する救貧法委員会が設立された。それとともに地方機関として貧民保護委員会が各地域に設立された。貧民保護委員会の構成員である貧民保護官は地元住民による選挙で選ばれていた。

解説

古典と向かい合うとき、読み手はどうしても、自分の今の考えや想いにぴったり合っている場所を探そうとしがちである。これが難解な古典を読み進めていくときの一押しになることもある。とはいえ、この自然の傾向をわざわざ意識的な姿勢にまでする必要はないだろう。読み手にとって未知のメッセージを古典が発信していても、それに対する読み手の感度を下げることにつながるので、警戒しておく方が得策である。

古典を読むときの要点は、こういう衝動をそっとやりすごし、われわれとは時代も社会的文化的背景も異なったところで書いている著者自身が、どんな問題に答えようとしていたのかに意識的に注目することである。そういう姿勢をとると、著者を自分の側に無理に引き寄せることなく、ほどほどの距離感を持ってテクストに向かい合えるようになる。読み手がこれまで考えたことのないようなメッセージに気づけるようになり、さらに、それを手掛かりに読み手自身の発想転換につながる可能性も出てくる。今にも通じる鋭い洞察も、新たな視点からさらに深く理解できるようになる。古典を読む最大の意義と効用は、こうした点にあると言ってよいだろう。

そこで、この訳者解説も、読者の有意義な発見や発想転換に少しでも役立つことを期待して、本書『自由論』の刊行に至るまでのミル本人の思想的模索について、ごく手短かな概略を示すことから始めることにしよう。(ミルの生涯の詳細については『ミル自伝』〔朱牟田夏雄訳、岩波文庫、一九六〇年〕を、ミルの思想的模索の詳細については拙著『自由と陶冶――J・S・ミルとマス・デモクラシー』〔みすず書房、一九八九年〕を参照していただきたい。)

ミルの生い立ちと思想の展開

ジョン・スチュアート・ミル(一八〇六―一八七三年)は、ジェイムズ・ミルの長男としてロンドンに生まれた。スコットランド出身の父ジェイムズは、『英領インド史』の他、経済学や心理学などの著書を執筆した著述家・思想家で、また、『英領インド史』を執筆したのをきっかけに東インド会社に勤務するようになっていた。息子のジョン・ミルは、正規の学校教育はまったく受けなかったが、幼い頃から父ジェイムズの下で、ギリシャ語やラテン語の古典を学ぶなど徹底した早期教育を受けた。父親の期待に応えながら成長していった知的に早熟なジョン・ミルは、さらに道徳哲学や経済学などを学ぶ一方で、一〇代半ばをすぎた頃には東インド会社に就職した。また、父ジェイムズやベンサムの主導する政治集団(哲学的急進派とかベンサム派と呼ばれた)の若手活動家として、中流階級(ミドル・クラス)の選挙権獲得をめざす議会改革運動に加わった。

このように、いわばベンサム派の貴公子だったミルは、二〇歳のときに深刻な意気阻喪状態に陥った。後に『自伝』でミルが「精神の危機」と呼ぶことになる鬱状態である。ベンサム派の使徒として活躍することを人生の目的としていたミルは、この「精神の危機」をきっかけに、それまでの自分の人生や知性のあり方を大きく見直すことになった。この見直しに続くミルの思想的展開のうち、『自由論』と特に関連する主要な点は、ベンサムから学んだ功利主義の修正である。

ベンサムの功利主義は、社会全般の幸福の極大化、つまり「最大多数の最大幸福」を道徳の基準とし、この基準に則して政治や社会の改革を説く哲学だった。あるいはむしろ、政治や社会の改革という視点から既存の道徳を見直した結果としてたどり着いたのがこの基準だった、と言った方がよいだろう。ミルはこの基準に含まれる改革の志向は認め継承しながらも、幸福に関するベンサムの見方は狭いと考えるようになった。ベンサムは、人間の行為はすべて利己的な快楽と苦痛で決定されるとする快楽主義的人間観を採用するとともに、それに対応する形で、人間の幸福という道徳的基準についても、幸福や快楽の質的差異を認めず、すべてを同等に量として評価すべきだという見方を採用していた。ミルはこうした人間観や幸福観に反対するようになったのである。ミルの考えでは、行為の動機は理論の上で利己的な快苦に還元可能だとしても、行為者の自覚している実際の動機が利己的な快苦であるとは限らない。特に自他の向上や陶冶をめざす自発的で自由な行為の動機を利己的な快苦で説明しても、実践的に無意味であり有害ですらある。したがってまた、行為の評価基準も、そのような自発的で自由な行為を高く評価し促進するものでなければならない。たしかに、主観的な好き嫌いの感情をそのまま行為の評価基準とするような恣意性に陥らないためには、行為の結果を客観的に評価しようとする功利主義の基本姿勢は保持すべきである。しかし、だからといって、自分の幸福や利益にとらわれずに(「やせたソクラテス」のように)正義や慈愛や高貴さなどの目的を追求し、その結果として得られるような幸福のあり方をけっして軽視してはならない。行為の動機や行為の結果としてもたらされる幸福について、質的な考慮も必要だ、とミルは考えるようになったのである。

後に示すように、『自由論』の自由擁護論が社会に受け容れられるかどうかは、最終的には、このような理論的反省の成果を社会に向けてどう説得し、社会全般がそれをどこまで共有できるかにかかっていた。

『自由論』執筆の経緯

ベンサム批判を経てミルが到達した新たな功利主義のとらえ方は、論理の自己展開によって『自由論』という著書に結実したわけではない。ミルが自分の幅広い関心の中から、個人の自由に論点を絞って『自由論』を執筆するようになったのには、より具体的で切実なきっかけや事情があった。ミルは一八五〇年代の自分の状況認識について、『自伝』で次のように回想している。

社会の動きはするどい関心をもって見まもりつづけたが、それは全体としては私を非常に勇気づけるものではなかった。一八四八年〔フランス二月革命――引用者補注〕以後のヨーロッパの反動と、一八五一年十二月の無節操な簒奪者の成功〔ルイ・ボナパルトのクーデタ――引用者補注〕とは、フランスおよび大陸における、自由あるいは社会改革へのそれまでにあったあらゆる希望に終止符を打つかに見えた。英国では私の若いころの意見の多くが次第に一般に認められ、私が生涯を通じて主張した諸制度の改革も、その多くが達成されたりあるいは達成にむかってふみ出したりするのを、私はそのころからその後にかけて見て来た。しかしこれらの変化には、私が前にはとても予想もできなかったほどの、人類の幸福にとっての実にすくない利益しかともなわなかった。というのは、人間の運命のすべての真の改善の基礎になるもの、つまり人間の知的また道徳的状態には、ほとんど進歩らしい進歩は見られなかったからである。……当時の国民精神の状態を一見したところでは、このような方向への何かの傾向を語るものはまったく見られなかったから、人間の進歩の近い将来の見通しに対する私の見方は悲観的であった。(『ミル自伝』朱牟田夏雄訳、岩波文庫、二〇七―二〇八頁)

この時期のミルは、『論理学体系』(一八四三年刊)や『経済学原理』(一八四八年刊)の著者として名声を確立していたものの、ハリエット・テイラーとの結婚(一八五一年)をきっかけとする親族や知人との疎隔や社会的孤立を経験していた。さらに、当時は不治の病だった肺結核に妻ハリエットとともに罹患し(一八五三年)、死の恐怖に直面することにもなった。文字通り人生の締切(デッドライン)を意識して、著作活動にも優先順位をつけざるをえなくなったのである。そうした優先順位の基準は、「真の改善の基礎になるもの」、つまり、人間の知的道徳的状態の改善という観点から設定された。『自由論』がミルの作業リストの最先頭に置かれたことは、ミルが転地療養のために滞在していたイタリアからハリエットに宛てた次の手紙の一節に示されている。

> ここに来るまでのあいだ色々と熟考を重ねるうちに、以前私たちが話し合ったことのある構想に再度たどりつき、今、執筆し公刊するのに最善のものは、自由に関する本であろうと考えました。これには非常に多くのことが盛り込めるでしょうし、私にはこの本ほど〔世の中にとって――引用者補注〕必要なものはないと考えます。それはいっそう必要になりつつあります。なぜなら、世論はますます自由を侵害する傾向にあり、また今日の社会改革者のほとんどすべての計画が、真に自由の圧殺(*libertycide*)だからです。とくにコントはそうです。（一八五五年一月一五日、トロント大学版『ミル著作集』第一四巻、二九四頁）

『自由論』の公刊は、ミルが当初予想していた一八五六年よりも遅れ、一八五八年一一月に最愛の妻ハリエットに先立たれた後の、一八五九年になってからのことだった。

『自由論』が対処しようとした課題と自由原理の諸前提

ミルは社会による個人の自由への干渉を限界づける原理を、何度か「自由の原理」と言いかえている（本書二一九頁、二〇四頁、二一〇頁など）。他人への危害の有無を干渉の是非の判断基準としていることから、研究者たちのあいだでは、「危害原理」と呼ばれることも多い。以下では、「自由原理」と略称することにする。

ミルは、自由原理を最初に提示する際、これは「非常に単純な原理」だと述べている（本書二七頁）。たしかに、原理そのものは簡明に表現できる。つまり、個人の行為は、自分以外の人々や社会全般に危害をおよぼす場合には禁止したり処罰したりしても正当だが、そうでない場合は自由であるべきだ、ということである。自由に関する今日のわれわれの常識的な見方とも合致していると言えるだろう。

しかし、われわれの常識的な見方に賛同してもらう目的で『自由論』を読んでも、この古典を読むことの実質的な意義や効用はほとんどなさそうである。むしろ、われわれの常識的な見方とミルの洞察とのあいだにずれはないのか、という観点が重要である。ずれの有無は、ミルの自由原理がどんな問題を解決するために提示されていたのか、自由原理が守られている社会をミルはどのようにイメージしていたのかを問いかけてみることで明らかになるだろう。実際、こういう問いを念頭に置いて読んでいくと、ミルの期待どおりに自由原理が機能を発揮している社会は、かなり複雑な前提条件を満たしていなければならないことが判明する。それらの前提条件が満たされていないと、見かけの上で自由原理が守られているように見えても、ミルが望んでいる意味での自由な社会にはならないのである。この点で、古典としての『自由論』は、今日のわれわれに対して重要な諸問題を提起しているように思われる。以下では、そうした問題のいくつかに触れることにしよう。

文明社会における個人の自律性——エリート専制への反対

ミルが自由原理で対抗しようとしたのは、先ほど引用したハリエット宛書簡でも述べられているように、世論による自由の侵害と、コントなどの社会改革者が志向しているエリート専制による「自由の圧殺」だった。『自由論』の議論の標的としては、ピューリタン的エートスを持った中流階級を担い手とする世論の専制だけが注目されがちだが、ミルがコントのエリート専制やカーライルの英雄崇拝にも断固反対していることは見落とせない。たしかにミルは、大衆の凡庸化や画一化とそこから生じる世論の専制を強く批判したが、そうした大衆に対するエリートの専制もまったく容認しなかった。

エリート専制を自由の脅威とみなすということは、そうした専制によって失われるものが、考え方を異にする他のエリートたちばかりでなく一般の人々にもある、ということを意味している。たとえ一般の人々が画一化していて他人の自由や個性を尊重する精神に乏しいとしても、彼らもまた、エリート専制で失われる自発性や自律性を持っている、ということである。ミルが社会全般の知的道徳的改善に果たすエリートの役割を重視しているのはたしかだが、その改善は人々の自発性や自律性や個性を伸ばす改善だから、専制は逆効果なのである。

文明社会に暮らす人々は、他人の利益を害する行為を抑止する動機付け(サンクション)の仕組を受け容れている。つまり、刑罰という法的サンクション、世論(社会的非難)という道徳的サンクションの仕組である。さらに、そうした外的サンクションは家庭や社会による教育を通じていわば内面化され、良心(道徳的義務の感情)として個人の精神に強く作用している。ミルは、これらのサンクションが、他人に対する危害の防止という正当な範囲で機能することにはまったく反対していない。それは社会内の個人の利益や権利の保護に必須の条件とみなされている。しかも、不正な行為に対する抑止機能を持つ道徳的義務の感情は、文明社会に欠かせないレベルでの個人の自由や自律性に欠かせない前提でもある。ミルが批判の対象としているのは、あくまでも、これらのサンクションを他人に危害を与えない個人的行為にまで作用させようとする企てに対してである。

文明社会における個人の自律性に関するミルのとらえ方は、今日の世界という観点から考える際には注意が必要だろう。ミルは、自由人として成人することが未成年期の教育や規律の目的であることを、自明視しているかのように見える。そういう見方を、当時のイギリス社会の常識として扱おうとしているのだろう。しかし、現代世界には経済や技術の面では非常に高度化した組織社会でありながら、自由人を育成するための教育や規律、という考えが弱かったりなかったりする社会が存在してはいないだろうか。これをどう見るかは、われわれ自身が自分で考えなければならない問題である。

知的道徳的改善の個人的価値と公共的価値

文明社会のふつうの人間の自律性を尊重するためにエリート専制に反対する一方で、ミルは、ふつうの人々もまた、世論の専制に加担する危険があると考えた。そのような危険を生じさせる一つの要因は、自分の主観的な好き嫌いを他人の行為の評価にまで広げてしまう普遍的傾向である。自分たちの帰属する集団や階級が社会の中で支配的な地位を占めるようになると、特にこの有害な傾向が顕著になる。また、世論の専制の社会的要因としては、文明化が進んでいく中で社会が平準化し画一化していくこともある。個人は集団に埋没してしまう。世間とは関係なく自分はこうしたい、こうありたいという願望は弱まって、自分の行動指針を世間一般の標準（と思われるもの）に合わせようとする傾向が強まる。世間一般の標準に同調しない人間は異様だと感じられ、そうした人間にも標準を押しつけようとするようになる。

繰り返しになるが、ミルは、ふつうの人々の個性や自発性の持つ潜在力を否定しているわけではない。だから、エリート専制は容認しない。しかし、それとともにミルは、すぐれた個性を持つ人が、自分に適した行為や生き方を選ぶ自由を擁護しようとし、世間一般がそうした自由を抑圧することにも断固反対する。自由原理は、他人に危害を与えない個人的な行為の領域で各人が自由を享受することで各人が自分の幸福を増大させることに役立つはずだが、世間一般は自由のそうした個人的価値をよく理解していない。特定の生活様式を一律に押しつけようとしている社会改革家やエリートも同様である。そのためにミルは、自由が各人の幸福にとって不可欠であることを熱心に説くだけではなく、そうした幸福を理解しない人々に対して、個性的人間の自由な生き方は社会全般にとって有益であること、つまり、「進歩していく存在としての人間にとって永久に変わることのない利益を根拠とする効用」(本書三〇頁)という観点から見て公共的価値を持っていることも力説する。

個人が自分の生活の中でささやかな工夫や向上に努め、そのことに幸福を感じるとすれば、そうした個人の数が増加するだけでも、社会全般の幸福は増大する。現代社会を念頭に置いて、自由原理を個人主義の性格が強いものとして受け取るのであれば、この原理の中心的な目的は、個人個人のそうした幸福の促進であるかのようにも見える。しかし、ミルは明らかに、これ以上のものを求めている。ミルは、言論の自由に関する擁護論の場合、個人が自分の信条を自由に持つことの価値だけではなく、自分の信条を公的に表明し討論を通じて真理に関する知見が世の中で拡大深化することの価値を力説している。むしろ、議論の比重はそうした公共的価値に置かれている。同じように、知的道徳的にすぐれた個人の個性や自発性が持つ公共的な価値は、この点に無関心な社会を説得するためのたんなる付け足しとして、取り上げられているわけではない。ミルはやはり、そうした公共的価値の重要性を、行為の当事者である個人にとっての価値と同様に、本気で訴えようとしている。このことは見逃すべきでないだろう。

すぐれた人間が多様な境遇の中で個性を伸ばし、それが科学的真理や美の追究、慈善活動などの社会貢献につながり、さらにそれらの成果がそれぞれの形で社会一般の人々に好影響を与え、個人も社会もいっそう充実していく、というのがミルの理想なのである。すぐれた人々が一枚岩的に組織化され強制権力を持つことは、この理想には役立たない。ミルの説く自由原理は、すぐれた人々の中での多様性を確保しつつ、そうした人々と一般の人々とのあいだに、この理想に貢献するような均衡状態をもたらすための手段である。ただし、手段と言っても、自由はこういう理想のために本質的に欠かせないものであり、その意味で理想そのものの構成要素でもある。

可謬性と権威

前後するが、本書第二章の「思想と討論の自由」で、ミルは、無謬性の想定にもとづいて思想や討論の自由を抑圧する考え方を批判する際に、「知的な存在であり道徳的な存在でもある人間において、尊敬に値するすべてのものの源泉となっている資質、つまり、誤りを正すことができるという資質」（本書四九頁）に言及している。これについて触れておきたい。

ミルは、イギリス社会ではすでに思想の自由は十分に確立しているという想定にもとづいて、自由原理こそがそのような思想の自由の客観的で正当な根拠であることを例証する、という方針で第二章の議論を進めている。しかし、思想の自由が原則的に確立しているからといって、無謬性の想定が根絶されたとまではミルは考えていない。今日でも同様だろう。思想の自由に対するあからさまな抑圧はなくても、新しい見方や試みを排除しようとする圧力は依然として存在する。学問の世界でも技術開発や企業経営の世界でも、あるいは他の分野でも、今までの発想や行動様式を自明のものとみなし、それに抵触する新しい見方や試みを排除しようとする傾向はなくなっていない。惰性的になった知性や感情から生じてくる根絶しがたい自然的傾向なのかもしれないが、少なくともそれを軽減する努力の必要性は、ミルの時代にもわれわれの時代にもあるだろう。

可謬性の自覚が、「尊敬に値するすべてのものの源泉」であるにもかかわらず、しばしばないがしろにされる原因の一つは、誤りを認めると権威が失墜するから誤りを認めない、という姿勢だろう。ミルは、誰かが可謬性を自覚しながら自説の真理性を現時点で可能な限りで徹底的に検証した上でなら、ひとまずその説を世間が真理として受け容れることを否定はしていない。その限りで、ミルは、すぐれた探究者の権威を認めていると言ってよい。ミルが批判しているのは、いわば「権威主義的」な権威観であり、自分たちは無謬だから権威があり、権威があるから無謬である、という想定である。そうした「権威」を受け容れるよう権力を使って強制することを、ミルは断じて認めない。しかし、その一方でミルは、尊敬や信頼によって成り立つ権威のあり方を求めている、とも言える。ミルは、そのような非権力的な形の尊敬や信頼が、知的道徳的にすぐれた人々と一般の人々との適切な均衡関係を支える要点だと考えているのである。

ミルのエリート尊重論や主知主義的な言葉遣いに、平等主義的感情の強いわれわれは違和感を感じることもあるだろう。しかし、社会の質的向上をめざす多様な言説に対する傾聴の必要性を認めるのであれば、非権力的な権威のあり方、権威主義的でない権威のあり方に関するミルの議論は、現代社会の諸条件の下でタテではなくヨコの関係を前提とした尊敬や信頼や権威のあり方を、まずは実際の生活の中で、次いで理論においても探究するよう、われわれを誘《いざな》っているようにも思える。

利己的無関心と自由原理

ミルは、自由原理の主張が「利己的無関心を説いている、と考えるのは大きな誤解である」(本書一六九頁)と強調している。自由原理は、他人が行為者本人の幸福を理由として干渉することを認めないとはいえ、この理由は、「本人をいさめたり、道理を説いたり、説得したり、懇願したりする理由としては正当」(本書二八頁)である。このただし書きが、すぐれた人々と一般の人々のあいだの望ましい均衡状態をもたらす条件を示している。つまり、社会全般の知的道徳的向上をめざす人々は、権力による強制は許されないが、説得という手段を用いることはできる、ということである。

ここで考えてみたいのは、ミルの念頭にあるこうした均衡状態とは無関係に自由原理が成立しているかのように見える社会状態がありえる、という点である。それは、ミルが論外のものとしている「利己的無関心」が支配的となっている社会状態である。この社会状態の中にいる人々は、組織化の進んだ文明社会に暮らす人間として、他人の利益や権利への侵害を抑止する外的サンクション（法的刑罰と社会的非難）の必要性を認識しており、また、内的サンクション（道徳的義務の感情）も持っている。しかし、他人の向上のために批判や助言をすることは煩わしく思っているか、あるいは、他人の向上そのものに関心を持っていない。また、自分自身に関しても、他人からのその種の批判や助言は余計なお世話だと思っている。こうした人々からなる社会では、自由原理の発動を待つまでもなく、他人に対する無関心のおかげで、本人にしかかかわらない個人的行為に対して社会や他人が干渉することはないだろう。この社会状態は、われわれの社会状態と多少似ているようにも思える。

逆に言えば、ミルが説得対象としている社会は、いわば、かなりお節介な社会なのであり、自由原理が求めているのは、そうしたお節介が善意からのものであっても、行為者の個人的自由の侵害となるところにまで行き過ぎてはならない、ということである。言いかえれば、そうならない程度のお節介はむしろ望ましい、ということになる。節度をわきまえた上での他人への関心は、ミルの期待する社会全般の知的道徳的改善に欠かせないものなのである。だから、もし現代社会の自由が相互的無関心の結果として確保されているのだとすれば、その場合の個人の自由への不干渉の道徳的根拠、というよりもむしろ心理的な動機は、ミルの望むところとは大きくかけ離れていることになる。もちろん、こう言えるとしても、現代社会で自由原理が重要な意味を持たない、ということにはならないだろう。なぜなら、相互的無関心の一方で、異質なものに対する反発や嫌悪感が不寛容にまで発展する事態は、依然としてしばしば生じているからである。とはいえ、このような相互的無関心にどう対処するかは、『自由論』の問題設定の範囲内にはない。むしろ、われわれが自分の頭で考えなければならない問題群に属している。

自由原理がカバーしていない領域での自由

最後に、『自由論』の最後の部分を取り上げることで、すでにかなり長くなってしまった解説を終えることにしたい。

ミルはこの部分で、政府の干渉の限界に関する問題ではあるが、厳密に言えば、本書の主題には属さない問題として三つの点に言及している。第一は、企業活動への政府の干渉という、経済的自由にかかわる問題である。ミルは、この問題には言及するだけにとどめている。第二の問題は、国民の政治教育の観点から、一般市民が政治や行政に参加したり自発的結社で活動したりする余地を残す必要性である。第三の問題は、中央集権的な官僚機構が万事を引き受け、社会の各方面に残して活躍させるべき人材をすべて官僚機構で独占してしまう弊害である。ミルは、特にこの第三の問題については、かなり詳しく論じている。

自由原理の「応用」を主題とする締めくくりの章で、応用の範囲に収まらない問題領域に関して、これほど詳細に、しかも熱意のこもった議論が行なわれていることは、『自由論』の重要な特徴として見落とせない。

第二の問題と第三の問題が取り上げられている箇所では、「地方や都市自治体における自由で民主的な制度」、「自由な国民の政治教育」、「自由な国制」、「政治的自由」、「名ばかりの自由な国」といった表現が登場している（本書二四〇―二四二頁）。この場合の「自由」という語は、自由原理で保護されるべき個人的領域での個人の自由とは明らかに異なり、自分だけではなく他人全般を巻き込む公共的決定への国民の参加が確保されている状態を指すものとして用いられている。この意味での自由は、実のところ、一八六〇年に執筆が着手され、早くもその翌年の一八六一年に公刊されることになる『代議制統治論』の中心的テーマの一つに他ならない。しかし、ミルが『自由論』を執筆していた一八五〇年代の中頃から後半にかけての時期には、『代議制統治論』は、まだ、構想も執筆もされていなかったと考えられる。当時のミルは、冒頭にも触れたように人生のデッドラインを強く意識しながら、個人の自由の擁護と社会の知的道徳的改善を訴えることを最優先のテーマとして『自由論』を書いていた。その『自由論』の最後の部分で、ミルは、『自由論』の主題である自由原理と直接関連しない意味での「自由」を取り上げている。このことの意味は相当重いと見るべきだろう。『代議制統治論』公刊以後の時点からふりかえれば、この部分は『代議制統治論』のプレリュードに見えるのだが、『自由論』を書いている時点で考えれば、ミルは、自由を論じた著書であればこそ、どうしても言い残しておきたい点を書いている、ということになる。

『自由論』は、自由を論じた古典としての地位をいちはやく確立し、ミルの代表的著作の一つとみなされてきた。この評価は今後も続いていくだろうし、訳者としてもそう願っている。しかし、もしミルを、自由を本格的に論じた政治思想家・政治哲学者として扱うべきであるなら、『自由論』の個人的自由の擁護論に注目するだけでは不十分である。ミルは、イギリスの中流階級と同様にピューリタン的エートスが支配的なアメリカ国民に、精神的自由の乏しさを感じていた。しかしその一方で、ミルは、政府がなくてもすぐに自分たちで政府を作ってしまうアメリカ国民の特性を高く評価し、「あらゆる自由な国民のあるべき姿」(本書二四六頁)だと賞賛している。そのような目配りや、それを引き継いでいる『代議制統治論』にも注目する必要があるだろう。

ミルの『自由論』は、十数年前、九州大学法学部の政治外国書講読の授業で四年ほどかけて読み通したことがある。授業を通じて得たものは多く、当時授業に参加してくれた学生の皆さんに感謝したい。

今回の翻訳作業は、二〇一八年九月に始まり、二〇一九年三月末に第一稿、同年六月末に第二稿にまでたどりついている。作業にとりかかる前に、授業をしていた当時に部分的に作成していた訳文を読み返してみたが、直訳調の読みにくいところが多いことに気づかざるをえなかった。そのため、それらに手直しを加えることはせず、白紙の状態からすべて新規に訳し直した。

訳者は二〇一九年三月で九州大学を定年退職したが、四月以降も自主ゼミという形で、同大学の学部と大学院それぞれ一名の学生さんとともに第一稿を通読した。彼らにはその際、有意義な質問やコメントをたくさん寄せてもらい、それらを第二稿に活かすことができた。謝意を表したい。また、翻訳作業の全過程を通じて、前回の『代議制統治論』の翻訳のときと同様、岩波書店の編集担当の小田野耕明さんに大変お世話になった。前回同様、ていねいなチェックとコメントで救われたところが少なくない。あらためて御礼を申し上げたい。これらの貴重な助力のおかげで、当初よりも訳文がわかりやすいものになり、訳文の解像度も高めることができたと思う。それにもかかわらず、わかりにくい表現や誤訳がまだ残っているとすれば、その責任がすべて訳者にあることは言うまでもない。

ミルの『自由論』の冒頭には、最愛の妻ハリエットに対する深い哀惜の想いのこもった献辞が置かれている。思想や哲学を論じた古典の中で、このような献辞は異例と言えるのではないだろうか。訳者は、学生時代に読んだときには、その意味を深く感じることはなかったが、今では、これがけっして私事への感傷的な言及ではなく、公共的な次元でのミルの思索や思想的コミットメントと不可分だったことが実感できる。そういうユニークな作品の翻訳にかかわったことにあやかって、訳者にも家族に向けて謝意を表すことをお許しいただきたい。妻・理恵のサポートなしではこの訳書はありえなかった。いや、私の生活全体が成り立ちえなかった。心から感謝したい。また、二人の娘、真愛と佳那も、私の仕事に関心を寄せ応援し続けてくれた。本当にありがとう。

二〇一九年一二月

関口正司

索引(本文中の主な事項と人名)

あ 行

か 行

さ　行

自由論《じゆうろん》　J.S. ミル著

2020年3月13日　第1刷発行
2024年9月5日　第10刷発行

訳　者　関口正司《せきぐちまさし》

発行者　坂本政謙

発行所　株式会社 岩波書店
〒101-8002 東京都千代田区一ツ橋 2-5-5

案内 03-5210-4000　営業部 03-5210-4111
文庫編集部 03-5210-4051
https://www.iwanami.co.jp/

印刷 製本・法令印刷　カバー・精興社

ISBN 978-4-00-390002-4　　Printed in Japan

読書子に寄す

——岩波文庫発刊に際して——

岩波茂雄

真理は万人によって求められることを自ら欲し、芸術は万人によって愛されることを自ら望む。かつては民を愚昧ならしめるために学芸が最も狭き堂宇に閉鎖されたことがあった。今や知識と美とを特権階級の独占より奪い返すことはつねに進取的なる民衆の切実なる要求である。岩波文庫はこの要求に応じそれに励まされて生まれた。それは生命ある不朽の書を少数者の書斎と研究室とより解放して街頭にくまなく立たしめ民衆に伍せしめるであろう。近時大量生産予約出版の流行を見る。その広告宣伝の狂態はしばらくおくも、後代にのこすと誇称する全集がその編集に万全の用意をなしたるか。千古の典籍の翻訳企図に敬虔の態度を欠かざりしか。さらに分売を許さず読者を繫縛して数十冊を強うるがごとき、はたしてその揚言する学芸解放のゆえんなりや。吾人は天下の名士の声に和してこれを推挙するに躊躇するものである。このときにあたって、岩波書店は自己の責務のいよいよ重大なるを思い、従来の方針の徹底を期するため、すでに十数年以前より志して来た計画を慎重審議この際断然実行することにした。吾人は範をかのレクラム文庫にとり、古今東西にわたって文芸・哲学・社会科学・自然科学等種類のいかんを問わず、いやしくも万人の必読すべき真に古典的価値ある書をきわめて簡易なる形式において逐次刊行し、あらゆる人間に須要なる生活向上の資料、生活批判の原理を提供せんと欲する。この文庫は予約出版の方法を排したるがゆえに、読者は自己の欲する時に自己の欲する書物を各個に自由に選択することができる。携帯に便にして価格の低きを最主とするがゆえに、外観を顧みざるも内容に至っては厳選最も力を尽くし、従来の岩波出版物の特色をますます発揮せしめようとする。この計画たるや世間の一時の投機的なるものと異なり、永遠の事業として吾人は微力を傾倒し、あらゆる犠牲を忍んで今後永久に継続発展せしめ、もって文庫の使命を遺憾なく果たさしめることを期する。芸術を愛し知識を求むる士の自ら進んでこの挙に参加し、希望と忠言とを寄せられることは吾人の熱望するところである。その性質上経済的には最も困難多きこの事業にあえて当たらんとする吾人の志を諒として、その達成のため世の読書子とのうるわしき共同を期待する。

昭和二年七月